U0571779

# 地方导游基础知识

主　编　王建斌　杨　靖　谭秀玲
副主编　高　珊　杨　洋　张春瑜
　　　　许新国　李韶军
参　编　高唱通　樊莉莉
主　审　王昆欣

北京理工大学出版社
BEIJING INSTITUTE OF TECHNOLOGY PRESS

版权专有　侵权必究

**图书在版编目（CIP）数据**

地方导游基础知识 / 王建斌, 杨靖, 谭秀玲主编
. –– 北京 : 北京理工大学出版社, 2024.1
　　ISBN 978-7-5763-3502-6

　　Ⅰ. ①地… Ⅱ. ①王… ②杨… ③谭… Ⅲ. ①导游—
中等专业学校—教材 Ⅳ. ①F590.633

中国国家版本馆CIP数据核字（2024）第040361号

**责任编辑：王梦春**　　　**文案编辑：邓　洁**
**责任校对：刘亚男**　　　**责任印制：施胜娟**

**出版发行** / 北京理工大学出版社有限责任公司
**社　　址** / 北京市丰台区四合庄路6号
**邮　　编** / 100070
**电　　话** /（010）68914026（教材售后服务热线）
　　　　　　（010）68944437（课件资源服务热线）
**网　　址** / http://www.bitpress.com.cn

**版印次** / 2024年1月第1版第1次印刷
**印　　刷** / 定州市新华印刷有限公司
**开　　本** / 889 mm×1194 mm　1/16
**印　　张** / 13
**字　　数** / 259千字
**定　　价** / 89.00元

图书出现印装质量问题，请拨打售后服务热线，负责调换

导游是美的发现者、感悟者和传播者。旅游界将导游员称为"旅游业的灵魂""旅行社的支柱"和"参观游览活动的导演"。导游在整个旅游服务过程中起着承上启下、连接内外、协调左右的作用。

在本书中，编者把"美"作为整本书的核心要素，从始至终贯穿着中华优秀传统文化的传授和内心转化，让"美"元素内化于心，使读者可以发自内心地成为"美"的宣传者，在实际工作岗位中带领游客领略美、欣赏美。

根据我国旅游区的分布，本书共分为八个专题，三十一个学习情境。每个情境从真实旅游工作岗位需求出发，针对所学知识分别设置了"习"美知天下、"赏"美增见识、"述"美展自信、"品"美入我心、"析"美做实践五个部分。其次，在本书中，也包含了多个实际案例，通过让读者接触真实案例的方式，帮助其进行实践和拓展，并通过示范导游词的学习，使读者可以进一步内化导游知识，输出景点讲解，真正做到"内化于心，外化于行"。

本书参照《导游服务质量》（GBT159711995）《旅游景区讲解服务规范》（LBT014–2011）等行业标准编写。编者团队中不但有从事多年一线教学的专业课教师，还有导游资格证面试委员和旅游企业资深专家等，编写时结合职业等级标准，从旅游岗位实际出发，在涵盖各地方导游基础知识要点的基础上，用"美"的要素为主线重构课程知识体系，并采纳历年导游大赛的名篇佳作，以扫二维码行讲解视频等信息化学习途径，来培养读者专业的导游素养。

一直以来，导游队伍都是我国旅游业的重要组成部分，是旅游服务的提供者和旅游形象的展示者。旅游本身实际上是一个充满温度、极具人文关怀的活动，其不仅仅关乎着美景的观赏和历史文化的了解，更需要导游员饱含深情的情感输出。在如今这个快速发展、快速变化的时代，对导游员的要求也变得更高，愿我们可以带着满腔热忱，为家乡做宣传，为祖国做宣传。

本书可作为全国导游人员资格考试的参考用书，也可作为旅游行业在职培训人员的实用教材及旅游从业人员提高讲解能力和服务水平的自学读物。

　　由于编者水平有限，书中难免存在疏漏和不妥之处，敬请专家、读者批评指正。

# 讲解实训评价表

## 一、讲解实训评价表

| 实训内容 | 评分要求 | 分值 | 得分 |
|---|---|---|---|
| 信息搜集和甄别梳理 | 对素材进行分类整理，贴近讲解实际，内容丰富，积极向上 | 10 | |
| 讲解和语言表达能力 | 语言准确流畅，思路清楚，发音准确；音量适中，语速恰当，语气得体，语调富于变化 | 20 | |
| | 表达准确、清晰、生动、流畅 | 15 | |
| 仪容仪表和礼仪仪态 | 精神饱满，举止大方，表情自然，面带微笑，有亲和力 | 10 | |
| | 着装打扮适宜，礼貌礼节得体。 | 10 | |
| 讲解手势和站姿走位 | 手势姿势正确，得体不烦杂，运用得当 | 5 | |
| | 站姿标准，走位自然，有模拟带团感 | 5 | |
| 讲解内容和现场效果 | 内容科学准确，详略得当，重点突出 | 10 | |
| | 能够恰当运用讲解方法与技巧，具有现场感 | 15 | |
| 合计 | 100 | | |
| 点评 | | | |

## 二、下载方法

扫描下方二维码，点击"下载"，即可下载讲解实训评价表电子表格。

扫一扫，下载"讲解实训评价表"

## 拓展内容资源

　　为了扩充学生的视野，本书整理了关于中国世界遗产项目、中国世界非物质文化遗产项目、国家 5A 级旅游景区等内容，做成了数字资源，学生可扫描下方二维码查看。

| 资源内容 | 二维码 |
| --- | --- |
| 中国世界遗产项目 | |
| 中国世界非物质文化遗产项目 | |
| 国家 5A 级旅游景区 | |
| 国家级旅游度假区 | |
| 国家生态旅游示范区 | |

# 目录 CONTENTS

# 华北地区 —— 京畿重地 华夏摇篮

华北旅游区包括北京市、天津市、河北省、山西省和内蒙古自治区共计 5 个省级行政单位，华北旅游区位于华北大平原的中北部，平原上多湖泊；东临渤海湾，地形分属冀北山地、太行山地和华北平原。华北地区人口稠密，煤、铁资源丰富，同时还有金、钼、铝土等一批矿产资源，是中国重要的粮、棉、油产区。

## 学习目标 →

1. 了解华北地区省份的基本情况和历史变迁；熟悉北京市、天津市、河北省、山西省和内蒙古自治区的文化艺术和特产美食代表；掌握华北地区著名的文化旅游景观。

2. 能够运用所学知识形成知识脉络；从而能够较流畅地对北京市、天津市、河北省、山西省和内蒙古自治区概况进行导游讲解。

3. 树立对华北地区优秀传统文化的自信心，为传播华北地区的文旅资源而自豪。

## 学习情境一 长城故乡 —— 北京市

北京是中华人民共和国的首都，直辖市，国家中心城市，全国政治中心、文化中心、国际交往中心和科技创新中心。北京成功举办了第 29 届夏季奥林匹克运动会与第 24 届冬季奥林匹克运动会，是世界上第一个"双奥之城"。北京主要的文旅资源有故宫博物院、天坛、明十三陵、八达岭长城和奥林匹克森林公园等。

情境导入

　　小萝是蓝天旅行社的一名实习导游，马上要上团带领客人游玩故宫博物院。除了故宫博物院外，她还需要掌握北京城市概况等相关内容。于是小萝在练习导游词的同时开始着手整理北京市的基本知识。你可以帮小萝做好讲解服务的准备工作吗？

## 知识储备1　"习"美知天下

 ### 一、北京市基本概况

#### （一）地理与气候

##### 1. 地理位置

　　北京总面积 16 410.54 平方千米。西部是太行山山脉余脉的西山，北部是燕山山脉的军都山，两山在南口关沟相交，形成一个向东南展开的半圆形大山弯，人们称之为"北京湾"，它所围绕的小平原即为北京小平原。诚如古人所言："幽州之地，左环沧海，右拥太行，北枕居庸，南襟河济，诚天府之国。"

##### 2. 气候特点

　　北京的气候为典型的北温带半湿润大陆性季风气候，夏季高温多雨，冬季寒冷干燥，春、秋短促。

#### （二）区划与交通

##### 1. 人口区划

　　2022 年年末北京市常住人口为 2 184.3 万人。北京市有 16 个市辖区，分别是东城区、西城区、朝阳区、丰台区、石景山区、海淀区、顺义区、通州区、大兴区、房山区、门头沟区、昌平区、平谷区、密云区、怀柔区、延庆区。

##### 2. 交通情况

　　京津城际铁路的开通让北京和天津两地的路程被缩短为半小时。中华人民共和国成立以来一次建设里程最长、投资最大、标准最高的高速铁路——京沪高铁于 2011 年 6 月 30 日正式开通运营，京沪两地进入 5 小时经济圈，千里京沪一日还得以实现。北京首都国际机场是全球规模最大的机场，旅客吞吐量仅次于美国亚特兰大机场，位居全球第二。

## 二、北京市历史沿革

北京市处于中国南北文化的接触地带。北京的远古原始文化融合了中原和北方原始文化，其发展过程包含了整个人类社会发展的各个阶段。早在 70 万年前，北京周口店地区就出现了原始人群"北京人"。北京建城已有 3 000 多年的历史，自公元前 221 年秦始皇统一中国以来，北京一直是中国北方重镇和地方中心。自公元 938 年以来，北京先后成为辽陪都（有"南京""燕京"之称）、金中都、元大都和明（有"北平""北京""京师"之称）、清（有"北京""京师顺天府"之称）的国都。自金中都建成起，北京已有 800 余年建都史。民国时期曾有"顺天府""北平""北京"之称。1949 年 10 月 1 日，中华人民共和国中央人民政府在北京宣告成立。

## 知识储备 2 "赏"美增见识

### 一、北京市民族民俗

北京市是中国第一个齐聚 56 个民族的城市。在京居住的少数民族人口中，宗教信仰者 50 多万，约占全市总人口的 4%。其中佛教、道教和伊斯兰教对北京的历史、文化、艺术产生过较大的影响。北京最具特色的民俗风情是四合院，它是以正房、倒座房、东西厢房围绕中间庭院形成平面布局的北方传统住宅的统称。北京四合院源于元代院落式民居，是老北京城最主要的民居建筑。

### 二、北京市风物特产

北京是中国四大古都之一，有很多具有地方特色的民风习俗：北京小吃、京剧、京韵大鼓、相声、舞台剧、铁板快书、景泰蓝、牙雕、毛猴、漆雕、赛蝈蝈和蝈蝈笼、吹糖人、捏面人等。

北京是世界第八大"美食之城"，居内地之首。京味小吃的代表有豆汁儿、豆面酥糖、果脯蜜饯、冰糖葫芦、豌豆黄、驴打滚、灌肠、爆肚、炒肝等。

# 知识储备 3  "述"美展自信

## 一、北京市文化艺术

### （一）北京文化

"北京历史文化是中华文明源远流长的伟大见证"。其中古都文化是首都文化之"根"。绵亘近千年的古都文化更是我国都城文化和城市文化的结晶和典范，是辽、金、元、明、清五朝文化的缩影，也是其时中华文化的主体和精华。北京古都文化主要指北京在辽、金、元、明、清时期作为全国的中心区域及对外交往与交流中枢所创造的、代表中华文化特质和当时文化发展最高水平并积淀传承至今的文化结构、文化要素和精神气质。北京古都文化积淀厚重，以五朝帝都为载体形成的帝都文化是其主体。举凡物质文化方面的城池宫殿、坛庙园林、衙署寺观、河渠道路，乃至衣着发式、饮食、舟车等，精神文化方面的思想观念、典章制度、语言文字、文学艺术、民风习俗等，琳琅满目，无不具帝都气象，致广大而尽精微。

### （二）文学曲艺

北京是"京味儿文学"的发生地，京味儿就是北京特色的传统文化对北京人心理意识潜移默化的影响，京味儿文化其实就是一种北京人的"集体无意识"，老舍是京味儿文学的代表作家，代表作有《骆驼祥子》《四世同堂》等。京派作家汪曾祺被誉为"中国最后一个士大夫"。

北京曲艺主要有北京琴书、单弦等。北京琴书是北京地区鼓曲艺术中具有代表性的曲种，属于中国北方曲艺曲种。京剧是中国最大的戏曲剧种，有"国剧"之称。中国京剧、中国画、中国医学，被世人称为"中国的三大国粹"。

## 二、北京市旅游资源

北京有 7 处世界文化遗产，是全球拥有世界文化遗产数目最多的城市，这 7 处世界遗产分别是长城、故宫、周口店"北京人"遗址、颐和园、天坛、明十三陵和大运河（北京段）。北京有 8 处国家 5A 级旅游景区：故宫博物院、天坛公园、明十三陵景区、颐和园、八达岭—慕田峪长城旅游区、恭王府景区、奥林匹克森林公园和圆明园景区。

### （一）故宫博物院（世界文化遗产，5A 级景区）

故宫博物院（图 1-1-1）于明成祖永乐四年（1406 年）开始建设，以南京故宫为蓝本营建，于永乐十八年（1420 年）建成，成为明清两朝 24 位皇帝的皇宫。故宫旧称紫禁城，以三大殿为中心，占地面积约 72 万平方米，有大小宫殿 70 多座，相传故宫一共有 9 999.5 间房间，1973 年经专家现场测量故宫实际有房间 8 707 间。故宫有四座城门，南面为午门，北面为神武门，东面为东华门，西面为西华门。城墙的四角，各有一座风姿绰约的角楼，民间有九梁十八柱七十二条脊之说，形容其结构的复杂。

图 1-1-1 故宫博物院

### （二）天坛公园（世界文化遗产，5A 级景区）

天坛（图 1-1-2）始建于明永乐十八年（1420 年），原名"天地坛"，明嘉靖九年（1530 年）改名为"天坛"，位于北京市东城区永定门大街东侧。天坛整体占地面积 205 公顷[①]，由两重坛墙环护，分为内、外两坛。天坛为明、清两代皇帝祭天、祈谷和祈雨的场所，是中国现存最大的古代祭祀性建筑群。

图 1-1-2 天坛

### （三）明十三陵景区（世界文化遗产，5A 级景区）

明十三陵（图 1-1-3）坐落于天寿山麓，总面积 120 余平方千米。这里自永乐七年（1409）五月始作长陵，到明朝最后一帝崇祯葬入思陵止，其间 230 多年，先后修建了十三座皇帝陵墓、七座妃子墓、一座太监墓，是中国乃至世界现存规模最大、帝后陵寝最多的一处皇陵建筑群。十三座皇陵均依山而筑，分别建在东、西、北三面的山麓上，形成了体系完整、规模宏大、气势磅礴的陵寝建筑群。明代术士认为，这里是"风水"胜境，绝佳"吉壤"。因此被明朝选为营建皇陵的"万年寿域"。

图 1-1-3 明十三陵

---

① 1 公顷 =10 000 平方米。

## （四）颐和园（世界文化遗产，5A 景区）

图 1-1-4 颐和园

颐和园（图 1-1-4）是北京市古代皇家园林，前身为清漪园，坐落在北京西郊，与圆明园毗邻。它是以昆明湖、万寿山为基址，以杭州西湖为蓝本，汲取江南园林的设计手法而建成的一座大型山水园林，也是保存最完整的一座皇家行宫御苑，被誉为"皇家园林博物馆"。2009 年，颐和园入选中国世界纪录协会中国现存最大的皇家园林。

### 素养导读 "品"美入我心 ▶▶

北京，作为中国的首都，历史悠久，文化底蕴深厚，是中华文化的精髓之都。在北京，你可以感受到中华文化的独特魅力，探索中华文化的深度和广度，了解中华文化的精髓所在。北京城中轴线，南起永定门箭楼，北至钟鼓楼，壮美秩序中透出人文气质，见证恢弘历史；晨钟暮鼓，逐渐褪为新城旧巷的人间烟火；鼓楼朱墙碧瓦，车水马龙，看尽人世繁华；色彩富丽雍容华贵，钟楼青砖灰瓦，内敛素雅，静默雕刻时光；胡同四合院鳞次栉比、交错分布，将其紧裹、两者巍然对望，凝视着一座城的朝朝与暮暮，令人向往。

### 佳文导读 "析"美做实践 ▶▶

北京市故宫

游客朋友们，大家好，欢迎来到首都北京，我是导游员小张，很高兴陪大家一起游览举世闻名的故宫。

故宫位于北京市中心，也称"紫禁城"，现辟为"故宫博物院"。这里是明清两朝的皇宫，曾居住过 24 个皇帝，统治中国长达 500 年之久。它南北长 961 米，东西宽 753 米，占地面积 72 万平方米，是世界现存规模最大、保存最完整的皇家宫殿建筑群。1987 年被列入"世界文化遗产"名录。

故宫整个建筑群总体布局为中轴对称，呈现出帝王至高无上的权威。今天我们的参观就从中线开始。走过午门穿过内金水河和太和门，我们进入太和殿广场。大家请看，迎面这座气势雄伟的宫殿就是太和殿了。太和殿在建造布局上充分体现了天子至尊的礼序，大殿内外饰以成千上万条金龙纹，屋脊角安设十个脊兽，在中国仅此一例。宫殿的长宽比例也被精心设计成 9：5，代表着帝王的九五之尊，拥有至高无上的权力和地位。

明清两朝的重要典礼，都在这里举行。

现在请您随我登上汉白玉的台阶，到大殿门口参观。大家请看，太和殿正中是金漆雕龙的宝座，它是封建皇权的象征，真是"太平天子当中坐，清慎官员四海分"。整个大殿内有72根大柱支撑，当中的6根是沥粉贴金云龙图案的金柱。整个大殿金碧辉煌，庄严绚丽。

走过故宫最后的神武门，登上苍翠的景山，俯视故宫全景，仿佛一支由身着红袍金甲的武士兵团向天际迈进。"紫禁城中一线穿，观宫看殿百千间。"雄伟的紫禁城历经风吹雨打，承载过无数风光与荣耀。游客朋友们，今天我们的故宫之旅就到此结束了，再见。

## 实训演练 →

### 一、实训要求

小萝通过系统学习，已经储备了相关知识，掌握了北京市的代表性文旅资源，即将接待一个从深圳来北京旅游的学生团。请帮小萝准备一篇北京故宫的导游词并进行模拟讲解。

### 二、实施步骤

1. 根据本节课所学内容进行北京概况总结，并搜集故宫相关历史文化、名人轶事等背景素材，进行资料梳理和整合。

2. 讲解前，做好仪容仪表、音量语速、手势走位等方面的准备。

3. 请与小组成员分享你所写的导游词，并以小组为单位进行讲解展示，小组成员用评价表格进行点评，评出本组最优秀的讲解员。

## 学习情境二　渤海之滨 —— 天津市

天津别称"津沽""津门"等，简称"津"，是中华人民共和国省级行政区、直辖市，是中国北方最大的港口城市。天津自古因漕运而兴起，意为天子经过的渡口，于明永乐二年（1404 年）正式筑城。天津主要的文旅资源有黄崖关长城、天津古文化街、盘山风景区和大运河（天津段）等。

**情境导入**

　　小兰是海清旅行社的一名新导游员，要带一组夕阳红团去天津游玩，她除了准备天津市景点导游词之外，还需要掌握天津市的概况信息，于是小兰开始搜集整理天津市概况的基本知识。你可以帮小兰做好讲解服务的准备工作吗？

# 知识储备1 "习"美知天下

## 一、天津市基本概况

### （一）地理与气候

#### 1. 地理位置

　　天津位于海河下游，地跨海河两岸，是北京通往东北、华东地区铁路的交通咽喉和远洋航运的港口，有"河海要冲"和"畿辅门户"之称。天津是中国北方最大的沿海开放城市。

#### 2. 气候特点

　　天津属暖温带半湿润大陆季风性气候，主要气候特征是：四季分明，其中冬季最长，秋季最短。

### （二）区划与交通

#### 1. 人口区划

　　截至2022年年末，天津市常住人口为1 363万人。天津是中国四大直辖市之一，现辖16个区，包括滨海新区、和平区、河东区、河西区、南开区、河北区、红桥区、东丽区、西青区、津南区、北辰区、武清区、宝坻区、静海区、宁河区、蓟州区。

#### 2. 交通情况

　　天津市由铁路、公路、水路、航空和管道五种运输方式和先进的电信通信网及便利的邮政网构成了四通八达的交通运输网络。天津是北京通往东北和上海方向的重要铁路枢纽。天津港是世界等级最高、中国最大的人工深水港，是吞吐量位居世界第四的综合性港口，位于滨海新区。

## 二、天津市历史沿革

　　四千多年前，天津所在的地方慢慢露出海底，形成冲积平原。天津所处的位置原来是海洋，黄河改道前由泥沙冲积形成，古黄河曾三次改道，在天津附近入海。隋朝修建京杭运河后，南运河和北运河的交汇处（今金刚桥三岔河口），史称三会海口，是天津最早的发祥地。金朝在三岔河口设立军事重镇"直沽寨"，"直沽"之名始见史籍，是天津最早的名称。明建文二年（1400 年），燕王朱棣在直沽渡大运河南下争夺皇位。朱棣成为皇帝后，为纪念由此起兵的"靖难之役"，将此地改名为天津，即天子经过的渡口之意。作为军事要地，天津开始筑城设卫，称天津卫，揭开了天津城市发展新的一页。清朝，天津升卫为州，升州为府，但"天津"二字保留至今。

## 知识储备 2　"赏"美增见识

### 一、天津市民族民俗

天津话是北方方言中的一种，是天津及其周边地区人们所说的方言。天津素有万国建筑博览会之称。天津是中国北方地区妈祖文化的中心，有"南有湄洲妈祖庙，北有天津天后宫"之说。"先有娘娘庙，后有天津卫"的民间谚语，充分说明妈祖文化在天津文明发展史上的重要地位。祭祀妈祖的"皇会"作为天津民俗文化延续了数百年。天津皇会，最初叫"娘娘会"，是为庆祝天后娘娘的诞辰农历三月二十三而举办的迎神赛会。

### 二、天津市风物特产

天津四大民间艺术为：泥人张彩塑、杨柳青年画、魏记风筝和刻砖刘。津菜是具有天津风味的地方菜系。历经几百年发展，逐步完善成一个涵盖汉民菜、清真菜、素菜、家乡地方特色菜和民间风味小吃的完整体系。天津的小吃尤以"津门三绝"最为著名，包括狗不理包子、十八街麻花和耳朵眼炸糕。

## 知识储备 3　"述"美展自信

### 一、天津市文化艺术

#### （一）码头文化

天津素有"戏剧摇篮""曲艺之乡"的美誉。自明朝永乐二年（1404 年），在天津以鼓楼为中心，以东、西、南、北马路为界的地方筑城，是为后来天津卫的雏形。自清代中叶以来，天津码头周边陆续出现了许多茶馆、书场、戏园，外地伶人纷至沓来，名曰"跑码头"。杨柳青年画早在清初就已经远销"三北"地区；张明山家族的泥塑，雅俗共赏，誉满三津；砖雕、木雕、风筝、绒花、剪纸的制作，都有独到之处。凡此种种，无不具有码头文化的魅力。码头文化具有平民性与亲和力，拥有广泛的群众基础，又称市井文化。

### （二）文学曲艺

天津文学是"津味文学"和"卫派文学"的集合，在某一历史阶段曾间断性地呈现出天津地域文化特色，天津作家冯骥才是天津文学的代表人物。天津是诸多曲艺形式发源、兴盛和发展的地方。其中相声和京剧更是天津曲艺的重要代表。天津著名的相声演员有：马三立、侯宝林、马季、冯巩、牛群、郭德纲、于谦等。其中马三立被誉为中国相声界泰斗。

## 二、天津市旅游资源

天津旅游资源丰富，市区依河而建，景色优美，1989 年评选出的"津门十景"分别是"天塔旋云""蓟北雄关""三盘暮雨""古刹晨钟""海门古塞""沽水流霞""故里寻踪""双城醉月""龙潭浮翠""中环彩练"，这些景观既有名胜古迹又有旧景新颜，是新时代天津旅游景观的代表。

### （一）黄崖关长城（世界文化遗产）

图 1-2-1　黄崖关长城

黄崖关长城（图 1-2-1）在天津市蓟州区北 28 千米，始建于北齐天保七年（556 年），明代名将戚继光任蓟镇总兵时，曾重新设计、包砖大修。关城东侧山崖的岩石多为黄褐色，每当夕阳映照，金碧辉煌，素有"晚照黄崖"之称，关城因此得名。

### （二）大运河（天津段，世界文化遗产）

天津段大运河（图 1-2-2）开凿于元代。包括天津至北京通州的北运河和天津至山东临清的南运河的一部分。南、北运河与海河在天津三岔口相汇。元代庞大的漕运（南粮北运）促进了直沽（今天津）的繁荣发展，直沽因而被马可·波罗誉为"天城"。三岔口作为运河漕运中转站，当年船舶云集，元

图 1-2-2　天津段大运河

朝廷于三岔口两岸敕建了天后宫，成为船工酬神、聚会的场所。

### （三）津门故里（5A 级景区）

天津古文化街（图 1-2-3）位于天津市南开区东北角东门外、海河西岸，系商业步行街，国家 5A 级旅游景区。作为津门十景之一，天津古文化街一直坚持"中国味，天津味，文化味，古味"经营特色，以经营文化用品为主。

图 1-2-3　津门故里

### （四）盘山（5A 级景区）

盘山（图 1-2-4）位于天津市蓟州区西北，为国家 5A 级景区。清乾隆皇帝，先后巡幸盘山 32 次，留下了歌咏盘山的诗作 1 702 首，并发出了"早知有盘山，何必下江南"的感叹。盘山的"三盘"：以松取胜的上盘，以石取胜的中盘和以水取胜的下盘。

图 1-2-4　盘山

## 素养导读　"品"美入我心 》》

有句话叫"五千年看西安，一千年看北京，中华百年看天津"。作为中国北方最大的沿海开放城市，天津在近代历史上扮演着重要的角色。随着明朝时期，北京成为我国的首都之后，天津的地位日益凸显。天津卫的历史至今已经有七百多年，在中国五千年文明史当中，七百多年不过是短暂的一个片段。而在这个城市的旋律中，律动着的勃勃生机，却蕴含着浓厚的历史文化内涵。天津东临渤海，是首都北京的门户所在，历来有津门之称。这座中国北方最大的港口城市，从古至今就是水陆码头的交通枢纽。无论是过去还是现在，它的繁荣都给每一个到过这里的人们留下了难以磨灭的印象，值得每个到过天津的人细细品味。

## 佳文导读　"析"美做实践

天津市黄崖关长城

　　大家好，欢迎来到天津游玩，我是导游员小张，今天我们要游览的是位于天津蓟州北部的黄崖关长城。万里长城是中国古代劳动人民创造的奇迹，是中华民族智慧的结晶。气势磅礴、雄伟壮观的万里长城犹如一条巨龙、是中华民族的象征。提到长城您会想到嘉峪关、山海关、居庸关等著名关隘，其实黄崖关也是万里长城的重要组成部分，1990 年以"蓟北雄关"被列入津门十景之首。

　　黄崖关长城分黄崖关和太平寨两个景区。黄崖关以雄伟见长，太平寨以多变取胜。我们现在所处的景区，就是黄崖关景区。它始建于北齐天宝七年（556 年）。

　　请大家随我往前走，眼前的这座古牌楼。它始建于明天顺四年（1460 年），正面书"蓟北雄关"，意思是此地乃为蓟镇北大门，是控扼入关的咽喉要地，为历代兵家必争之地。黄崖关是蓟镇长城的重要关隘，关城建在两山之间，封锁着泃河河谷，地势十分险要，故称"蓟北雄关"。背面写"金汤巩固"，形容黄崖关固若金汤、坚不可摧。

　　大家请看城楼上"黄崖口关"的匾额，为明代著名抗倭名将戚继光将军所题，我们现在来到的是坐落于八卦城坤卦区内的长寿园。其中收入 10 003 种不同写法的"寿"字，被载入了吉尼斯世界纪录之最。迎面就是一座砖雕的寿字影壁，绕过砖雕的寿字影壁，我们看到水池中浮出一个巨大的寿字，独字成桥，这就是长寿桥。俗话说"走过长寿桥，福寿乐逍遥""寿字桥上走一走，逍遥活到九十九"。这话说不说在我，信不信可得由大家了。

　　游客朋友们，今天我们的黄崖关长城之旅就到此结束了，再见。

## 实训演练

　　**一、实训要求**

　　小兰通过系统学习，已经储备了相关知识，掌握了天津市的代表性文旅资源，即将接待一个从大同市来黄崖关长城旅游的夕阳红团队。请帮小兰准备一篇黄崖关长城的导游词并进行模拟讲解。

　　**二、实施步骤**

　　1.根据本节课所学内容对天津市概况进行总结，并搜集黄崖关长城相关的历史文化、名人轶事等背景素材，进行资料梳理和整合。

　　2.讲解前，做好仪容仪表、音量语速、手势走位等方面的准备。

3.请与小组成员分享你所写的导游词，并以小组为单位进行讲解展示，小组成员用评价表格进行点评，评出本组最优秀的讲解员。

## 学习情境三　希冀福地 —— 河北省

河北省位于华北地区的腹心地带，自古就是京畿要地。河北在战国时期大部分属于燕国和赵国，所以又被称为"燕赵之地"，且"燕赵古称多慷慨悲歌之士"，是英雄辈出的地方。河北简称"冀"，省会石家庄。

### 情境导入

小王是中国旅行社的一名实习导游。河北有众多的景点，最负盛名的是有着塞外离宫之称的承德避暑山庄，她后天要去避暑山庄带团，还要为客人介绍河北省的概况。你可以帮小王做好讲解服务的准备工作吗？

## 知识储备1　"习"美知天下

### 一、河北省基本概况

#### （一）地理与气候

##### 1.地理位置

河北，简称"冀"，省会石家庄市，河北在战国时期大部分属于赵国和燕国，所以河北又被称为燕赵之地。河北西为太行山地，北为燕山山地，燕山以北为张北高原，其余为河北平原，面积为18.88万平方千米。

### 2.气候特点

河北属温带大陆性季风气候，大部分地区四季分明。1月平均气温在3℃以下，7月平均气温为18~27℃，四季分明。

## （二）区划与交通

### 1.人口区划

2022年年末，河北省常住人口为7 420万人。河北省辖石家庄市、唐山市、秦皇岛市、邯郸市、邢台市、保定市、张家口市、承德市、沧州市、廊坊市、衡水市11个地级市。

### 2.交通情况

河北省是首都北京连接全国各地的交通枢纽。铁路货物周转量居全国大陆省份第一位。路货物周转量居全国大陆省份第二位；河北海运条件十分便利，秦皇岛港年吞吐能力达2亿吨，是中国大陆第二大港；石家庄民航现已开通47条航线，并开通了石家庄中国至香港及俄罗斯等地的航线。

## 二、河北省历史沿革

河北省是中华民族的发祥地之一。早在五千多年前，中华民族的三大始祖黄帝、炎帝和蚩尤就在河北由征战到融合，开创了中华文明史。春秋战国时期，河北地属燕国和赵国，故有"燕赵"之称。汉代，河北被正式命为"幽""冀"等州。元、明、清三朝定都北京，河北成为京师的畿辅之地。到了清代，承德成了清王朝的第二个政治中心。解放战争时期，党中央在河北平山县西柏坡指挥了震惊中外的"三大战役"，奏响了解放全中国的号角，并召开了著名的七届二中全会。西柏坡——"新中国从这里走来"。解放石家庄是中国革命由农村包围城市，最后夺取全国胜利的转折点。

## 知识储备2 "赏"美增见识

## 一、河北省民族民俗

河北省除汉族外，还有满、回、蒙、壮、朝鲜、苗、土家等55个少数民族，少数民族人口约占总人口的4.01%，有6个少数民族自治县。

河北省民俗风情丰富多彩，除春节、清明节、端午节、重阳节等传统节日外，农历二月二是龙头节，民间流行抬龙王，有蔚县的引龙节、满族的引龙、赵县的龙牌会等节庆活动。河北有句俗话："赶集上会做买卖。"这里的赶集、上会，也就是去赶庙会的意思，庙会上做买卖。庙会会期少则一天，多则一个月。

## 二、河北省风物特产

广袤的土地和悠久的历史还孕育了绚丽多彩的民俗文化和民间艺术。定窑、邢窑、磁州窑和唐山陶瓷是中国历史上北方陶瓷艺术的典型代表。蔚县剪纸、廊坊景泰蓝、曲阳石雕、衡水内画鼻烟壶、易水古砚等名扬中外；沧州武术、吴桥杂技、永年太极、保定康长寿之道独见魅力。

另外河北省物华天宝，许多土特产品和风味小吃享誉中华。京东板栗、赵州雪梨、沧州金丝小枣、宣化龙眼葡萄、深州蜜桃等，不仅营养价值极高，而且产量居全国第一。核桃、柿子和花椒被誉为"太行三珍"。

# 知识储备3 "述"美展自信

## 一、河北省文化艺术

### （一）燕赵文化

燕赵文化是在战国时期燕国、赵国区域内产生的一种区域文化。其精神特质大体有：革新精神、和乐精神、包容精神、求是精神、忧患精神和创新精神。河北有着源远流长的尚武传统，长期以来一直以武术资源丰富、拳种种类繁多而名闻四方。以河北为代表的中国剪纸、中国皮影戏、太极拳等项目入选了联合国教科文组织《人类非物质文化遗产代表作名录》。

### （二）文学曲艺

在河北流行的30多个剧种中，河北梆子是最具代表性的地方剧种。河北梆子于2006年5月20日被列入国家级非物质文化遗产代表性项目名录。评剧是在冀东一带形成的地方戏，以唱功见长，吐字清楚、唱词浅显易懂，善于表现当代人民生活。唐山皮影戏是河北唐山地区广为流传的民间艺术，形成于金，以唱见长。乐亭大鼓与评戏、唐山皮影统称为"冀东民间艺术的三朵花"。

## 二、河北省旅游资源

璀璨的历史文化与秀美的湖光山色交相辉映，构成了独具特色的燕赵旅游百花园。这里文物古迹众多，自然风光秀美，民俗风情独特，特殊资源荟萃。众多的文物古迹形成了河北深厚的文化底蕴和独具魅力的文物旅游资源。

### （一）承德避暑山庄（世界文化遗产，5A 级景区）

图 1-3-1　承德避暑山庄

承德避暑山庄（图 1-3-1）又名"承德离宫"或"热河行宫"，于清康熙四十二年（1703年）开始大规模修建，历时 89 年，历经康、雍、乾三代王朝，是中国现存最大的皇家园林。

承德避暑山庄占地 564 万平方米，主要分为宫殿区和苑景区（湖泊区、平原区和山峦区）两部分。承德避暑山庄不同于其他的皇家园林，它继承和发展了中国古典园林"以人为之美入自然，符合自然而又超越自然"的传统造园思想，它集中国古代造园艺术和建筑艺术之大成，是具有创造力的杰作。

### （二）金山岭长城（世界文化遗产，5A 级景区）

金山岭长城（图 1-3-2）位于河北省滦平县巴克什营的大小金山岭上，是明代万里长城的重要组成部分，它东起望京楼，西至龙峪口，全长约 15 千米。城墙一般高 7 米左右，下宽 6 米，上宽 5 米，可容五马并骑。在这段长城上，敌楼、战台、铺房密布，其中敌楼和战台有 158 座。敌楼既有砖木结构，也有砖石结构。

图 1-3-2　金山岭长城

### （三）西柏坡（5A 级景区）

图 1-3-3　西柏坡景区

河北省石家庄市西柏坡景区（图 1-3-3），坐落于河北省石家庄市平山县，总面积 39 万平方米。西柏坡以其在中国历史上的重要地位成为中国革命纪念地之一。西柏坡中共中央旧址占地面积 16 440 平方米，对外开放的主要有毛泽东、朱德、刘少奇、周恩来、任弼时、董必武旧居，军委作战室、中国共产党七届二中全会会址，九月会议会址，中共中央接见苏共中央和上海人民和平代表团代表旧址，防空洞和中央机关小学旧址 12 处。

## （四）清东陵（世界文化遗产，5A级景区）

清东陵（图1-3-4）位于河北省唐山市遵化市西北30千米处，西距北京市区125千米，占地80平方千米。是中国现存规模最宏大、体系最完整、布局最得体的帝王陵墓建筑群。清东陵于顺治十八年（1661年）开始修建，历时247年，陆续建成217座宫殿牌楼，组成大小15座陵园。陵区南北长12.5千米、宽20千米，埋葬着5位皇帝、15位皇后、136位妃嫔、3位阿哥、2位公主共161人。

图1-3-4 清东陵

## 素养导读 "品"美入我心

春秋战国时期，河北地属燕国和赵国，故有"燕赵"之称。燕赵大地历史悠久，人杰地灵，名人辈出，素有"自古多慷慨悲歌之士"的美誉，古老的燕赵文化造就了世代相传的燕赵侠风。《隋书·地理志》云："悲歌慷慨""俗重气侠""自古言勇敢者，皆出幽燕"。被尊为唐宋八大家之首的韩愈有句名言："燕赵多慷慨悲歌之士。"宋代大文豪苏东坡亦曾赞叹："幽燕之地，自古号多豪杰，名于图史者往往皆是。"穿行在英雄辈出的燕赵大地上，古往今来，流传着一曲又一曲激烈、高亢的燕赵浩然之歌。

## 佳文导读 "析"美做实践

河北省避暑山庄

"山庄咫尺间，直作万里观"，游客朋友们大家好，欢迎来承德参观游览，我是你们的导游。承德以山为怀，以水为脉。避暑山庄修建历时89年，是清代皇帝的夏日行宫。现在就请大家随我一同走进这有着300年历史的皇帝的离宫别苑，感受300年福地的如意吉祥。

看完了正宫博物馆，穿过岫云门，我们现在来到了湖区。"山庄虽以山名，而胜趣实在水"。这里就是被康熙皇帝称为"水心山骨"的山庄精华所在。整个湖区面积57公顷，这里洲岛错落，呈现出江南水乡的秀美风光。

大家看，前面这条长堤将左边的环碧、中间的如意洲和右边的月色江声连接起来，康熙题名为"芝径云堤"，现在请大家跟随我漫步芝径云堤，凉爽异常，令人心旷神怡，真不愧是避暑胜地呀！

我们继续往北走，正前方的岛屿是如意洲。西北处则是著名的园中之园——沧浪屿，是仿照苏州"沧浪亭"修建的，面积虽不大，但殿堂、水阁、清泉巧妙地组合在一起，相互因借，恰到好处，让人流连忘返。

大家看，整个湖区岛上的建筑都是仿建，取其神似而非形似，源于江南却又胜似江南。40余座亭台舍庙，如明珠般镶嵌在苍松翠柏之间，若隐若现，虽由人作，宛自天开。这真是：四时风景各不同，远近高低如意洲，月色江声听细雨，环碧如画踏春游。

各位朋友，走出了避暑山庄，您是不是感觉意犹未尽呢？300年的岁月如水般逝去，300年的兴衰与沧桑，沉淀出避暑山庄令世人瞩目的风采。它的博大深远等待您慢慢欣赏，细细品味。我衷心希望各位朋友能再次走进山庄，品味山庄，解读山庄，朋友们，再见！

## 实训演练 →

### 一、实训要求

小王通过系统的学习，已经储备了相关知识，掌握了河北省的代表性文旅资源，即将接待一个从长春市来避暑山庄旅游的家庭团。请帮小王准备一篇避暑山庄导游词并进行模拟讲解。

### 二、实施步骤

1. 根据本节课所学内容对河北概况进行总结，并搜集避暑山庄相关历史文化、名人轶事等背景素材，进行资料梳理和整合。

2. 讲解前，做好仪容仪表、音量语速、手势走位等方面的准备。

3. 请与小组成员分享你所写的导游词，并以小组为单位进行讲解展示，小组成员用评价表格进行点评，评出本组最优秀的讲解员。

## 学习情境四 三晋风光 —— 山西省

山西省地处黄河中游地带，是中华民族的主要发祥地之一。因地处太行山以西，故名山西。春秋战国时期属晋国地，故简称"晋"。战国初期，韩、赵、魏三分晋国，因而又称"三晋"。省会太原市。

情境导入

　　小琦是光华旅行社的一名导游。她要带客人到云冈石窟游玩,除了需要准备云冈石窟的导游词之外,还需要对山西省的概况进行全面的整理。于是,小琦在练习导游词的同时开始着手整理山西省概况及基本知识。你可以帮小琦做好讲解服务的准备工作吗?

# 知识储备1 "习"美知天下

## 一、山西省基本概况

### (一)地理与气候

#### 1.地理位置

山西省总面积15.67万平方千米,与河北省为邻;西、南部以黄河为堑,与陕西省、河南省相望;北跨绵绵长城,与内蒙古自治区毗连,自古有"表里山河"之誉。

#### 2.气候特点

山西地处中纬度地带的内陆,气候类型为温带大陆性季风气候。

### (二)区划与交通

#### 1.人口区划

截至2023年年末,山西省常住人口为3 465.99万人。截至2023年9月,山西省共辖有太原、大同、长治、阳泉、晋中、晋城、忻州、朔州、临汾、运城、吕梁11个地级市,117个县级行政单位。

#### 2.交通情况

山西省是华北的重要交通枢纽,为同蒲、京包、大秦、石太、太焦、神黄等重要干线交汇处。山西省"三纵十一横十一环"高速公路网基本成型,108个县(市、区)通了高速公路,山西省有太原武宿国际机场、运城关公机场、长治王村机场、大同云冈机场、吕梁大武机场等5个民用机场。

## 二、山西省历史沿革

山西是人类和华夏文明的发祥地和中心区域之一。运城曲县"世纪曙猿"化石的发现，把类人猿出现的时间向前推进了 1 000 万年。周武王灭商以后，为了巩固周的统治，广封诸侯，晋国就是武王的儿子成王封给他弟弟叔虞的一个侯国。李渊起兵于太原，建立唐朝，由此，山西被认为是"龙兴"之地。宋朝时，山西是中国北方的主要发达地区。明初山西向外进行过大规模移民。洪洞县大槐树是当时的一个主要移民站。山西迄今有文字记载的历史达 3 000 年之久，素有"中国古代文化博物馆"之美称，还被誉为"华夏文明的摇篮"。

## 知识储备 2　"赏"美增见识

### 一、山西省民族民俗

山西省是少数民族杂居散居的省份。民族构成以汉族为主，有 53 个少数民族，其中回族最多。山西独特的地理、历史环境形成了山西独特的民俗风情，镖局是专门武装押运商品、现银等重要物资和钱财，保卫其安全运输的专业机构，成为百余年来为人所称道的走镖文化。

河曲河灯会是流传于晋西北地区黄河岸边河曲县并于每年农历七月十五举行的一项古老的民俗活动。河灯会，也称为放河灯，源于佛教佛事仪式中盂兰盆会的"照冥荷花灯"，其目的是普度落水的鬼魂或其他孤魂野鬼。

### 二、山西省风物特产

提到山西特产，很多人的第一印象是面食。世界面食在中国，中国面食在山西，山西面重视面的形式和口感，比起别的省份，一样面配百样卤，山西是百样面配百样卤。山西特产面食有臊子面、刀削面、刀拨面、手拉面、扯面等。

人说山西好风光，地肥水美五谷香。山西更是被誉为"小杂粮王国"。小米尤为著名，素有"中国小米在山西，山西小米数第一"之美誉。享有"天下米王"和"国米"之尊号。

除此以外，山西名酒以汾酒、竹叶青最为有名。晋菜基本风味以咸香为主，甜酸为辅。

# 知识储备3 "述"美展自信

## 一、山西省市文化艺术

### （一）三晋文化

三晋文化，指的是华夏文化中山西地区的文化。因该地在春秋时是晋国的所在地，到战国时则分成韩、赵、魏三国，故又称为三晋。当时的晋或三晋疆域都远超过山西。后世所用的晋或三晋则指山西省。儒家推崇三晋根祖文化，形成了儒家思想的主流内涵；三晋文化在传承儒家文化精髓中，树立了具有山西特色的三晋文化。三晋文化有三个特点：开放、务实、求新。山西历史文化脉络清晰，框架完整。山西文明进程从未间断，影响深远。

### （二）文学曲艺

古典诗歌乃中华国粹，尤以唐代诗人最杰出，成就最辉煌。他们的诗在唐诗中占有重要位置，显示了黄河文化的深厚积淀。王昌龄被后世称作"七绝圣手"，他的作品《出塞》被誉为唐人七绝压卷之作。白居易的诗歌今存3 000多首，数量之最为唐人之冠。明清时期，山西作家罗贯中的《三国演义》是我国第一部长篇章回体小说。

山西地区主要有四大梆子戏，包括南路梆子、中路梆子、上党梆子和北路梆子。

## 二、山西省旅游资源

"华夏古文明，山西好风光"是对山西旅游的高度概括。山西现有世界遗产4处：平遥古城、大同云冈石窟、五台山、长城（山西段）；国家5A级旅游景区10处：云冈石窟景区、五台山风景名胜区、皇城相府生态文化旅游区、绵山景区、平遥古城、雁门关景区、洪洞大槐树寻根祭祖园、壶关太行山大峡谷八泉峡景区、云丘山景区、黄河壶口瀑布旅游区（临汾）。

### （一）云冈石窟（世界文化遗产，5A级景区）

云冈石窟（图1-4-1）原名灵岩寺、石佛寺。位于山西省大同市西郊17千米处的武周山南麓，是中国著名的石窟群之一。云冈石窟的开凿始于北魏时期，历时约150年，历经北魏、东魏、西魏、北齐、隋、唐等朝代，现存主要洞窟45个，大小窟龛252个，石雕造像51 000

图1-4-1　云冈石窟

余尊，是中国石窟艺术宝库中的瑰宝。

### （二）五台山（世界自然和文化遗产，5A 级景区）

五台山（图 1-4-2）位于山西省忻州市，其中五座高峰峰顶平坦如台，故名五台。又因山上气候多寒，盛夏仍不见炎暑，故又别称清凉山。景区规划面积 607 平方千米，行政管辖面积 436 平方千米。

图 1-4-2　五台山

五台山位居中国四大佛教名山之首，称为"金五台"，为文殊菩萨的道场。五台山是中国唯一一个青庙（汉传佛教）黄庙（藏传佛教）交相辉映的佛教道场，现存宗教活动场所共 86 处，其中多敕建寺院，多朝皇帝前来参拜。著名的有显通寺、塔院寺、菩萨顶、南山寺、黛螺顶、广济寺、万佛阁等。2009 年 6 月，五台山被列入世界文化遗产。2007 年，被评为国家 5A 级旅游景区。

### （三）平遥古城（世界文化遗产，5A 级景区）

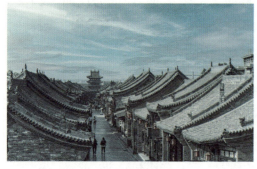

图 1-4-3　平遥古城

平遥古城（图 1-4-3）位于山西省晋中市平遥县康宁路，地处山西省中部，始建于西周宣王时期（前 827—前 782 年），于明代洪武三年（1370 年）重建、扩修城池，是中国境内保存最为完整的一座古代县城，整座城池宛如乌龟向南爬行，因此有"龟城"之称。

### （四）壶口瀑布（5A 级景区）

壶口瀑布（图 1-4-4）是国家级风景名胜区，国家 5A 级旅游景区。东濒山西省临汾市吉县壶口镇，西临陕西省延安市宜川县壶口镇，为两省共有旅游景区。南距陕西西安 350 千米；北距山西太原 387 千米。壶口瀑布是中国第二大瀑布，世界上最大的黄色瀑布。黄河奔流至此，两岸石壁峭立，河口收束狭如壶口，故名壶口瀑布。瀑布上游黄河水面宽 300 米，在不到 500 米长距离内，被压缩到 20~30 米的宽度。每秒 1 000 立方米的河水从 20 多米高的陡崖上倾注而泻，形成"千里黄河一壶收"的气概。

图 1-4-4　壶口瀑布

## 素养导读　"品"美入我心

　　华夏古文明，山西好风光。山西，简称"晋"，东与河北为邻，西与陕西相望，南与河南接壤，北与内蒙古毗连。山西地形多样，山地、丘陵、平原皆有，有雄浑壮美的太行山、恒山、五台山、吕梁山，还有黄河、海河两大水系纵横蜿蜒。三晋大地历史积淀深厚，古建、古城众多，自古就是人杰地灵。

　　五千年文明看山西，已是国人的共识。沿着黄河流域走一走，那随处可见的文物古迹，无不散发着幽幽历史之光，向世人诉说着千年故事。山西这块土地承载着太深太重的文化。如今，山西向世人揭开了神秘的面纱，这是山西文化的自信。

## 佳文导读　"析"美做实践

　　游客朋友们大家好！今天，我们将参观举世闻名的佛教艺术宝库——云冈石窟。它是北魏王朝初期开凿的大型石窟，时间约在公元460年的北魏文成皇帝时期，迄今已有1 540年的历史。它与甘肃敦煌的莫高窟、洛阳的龙门石窟，并称为中国三大石窟。大家现在看到的像蜂窝一样排列的许多洞窟，就是云冈石窟。所谓"石窟"，就是在石壁山崖上开凿的洞窟，这里冬暖夏凉，幽静神秘。

山西云冈石窟

　　古印度佛教兴起后，佛教信徒、僧侣将石窟作为礼佛和修行的场所。现在大家已随我进入云冈石窟的山门，我身后的石窟参观示意图，为我们指明参观路线。云冈石窟依山开凿，东西绵延1千米，现存主要洞窟45个，分为东、中、西三区，东部4窟，中部9窟，西部32窟。此外还有许多小型洞窟。共计1 100多龛，大小造像51 000多躯。这么多洞窟如果要细看的话，也许你用一个星期的时间也看不完，目前开放的有40多个洞窟。

　　今天我们参观的是第6窟，它在总体布局、造像风格、雕刻手法等方面，代表了北魏传统石窟艺术的最高境界，尤其佛像改变了过去的服装，雕成了褒衣博带式的佛装，采用了当时南朝士大夫地主阶层的服饰，被称为"太和造像"。推测孝文帝在开凿第6窟之后，不久便迁都洛阳。大家在第6窟前室上方的门楣上，可以见到几个牌匾的把钉，这是谁的牌匾？当年清朝的康熙皇帝平定噶尔丹叛乱之后，回北京途经云冈石窟，看到第6窟雕刻的佛像如此精美，于是留下了"庄严法相"四个大字。不知何时，牌匾已不知去向。

　　好了，朋友们，今天的游览到此结束，期待与您再次相遇！

## 实训演练 →

### 一、实训要求

小琦通过系统学习，已经储备了相关知识，掌握了山西省的代表性文旅资源，即将接待一个从天津市来云冈石窟旅游的观光团。请帮小琦准备一篇云冈石窟导游词并进行模拟讲解。

### 二、实施步骤

1. 根据本节课所学内容对山西概况进行总结，并搜集云冈石窟相关历史文化、名人轶事等背景素材，进行资料梳理和整合。

2. 讲解前，做好仪容仪表、音量语速、手势走位等方面的准备。

3. 请与小组成员分享你所写的导游词，并以小组为单位进行讲解展示，小组成员用评价表格进行点评，评出本组最优秀的讲解员。

## 学习情境五 草原风情 —— 内蒙古自治区

内蒙古自治区地域辽阔，物产丰富，是中国面积第三大省区，是中国 5 个少数民族自治区之一。内蒙古自治区简称"内蒙古"，首府呼和浩特。

### 情境导入

小夏是春秋旅行社的一名实习导游，旅行社安排她后天带团到元上都遗址。美丽的草原风光吸引着无数的游客前来旅游，小夏还需要为游客介绍内蒙古的概况。你可以帮小夏做好讲解服务的准备工作吗？

# 知识储备 1 "习"美知天下

## 一、内蒙古基本概况

### （一）地理与气候

#### 1. 地理位置

内蒙古自治区横跨东北、华北、西北地区，接邻八个省区，是中国邻省最多的省级行政区之一，北与蒙古国和俄罗斯联邦接壤。内蒙古全区面积为118.3万平方千米。

#### 2. 气候特点

内蒙古自治区地域广袤，所处纬度较高，高原面积大，距离海洋较远，边沿有山脉阻隔，气候以温带大陆性季风气候为主。

### （二）区划与交通

#### 1. 人口区划

截至2022年年末，内蒙古自治区常住人口为2 401.17万人。内蒙古自治区现设呼和浩特、包头、乌海、赤峰、通辽、鄂尔多斯、呼伦贝尔、乌兰察布、巴彦淖尔9个地级市，兴安、阿拉善、锡林郭勒3个盟，52个旗，11个县，11个盟（市）辖县级市，23个市辖区。

#### 2. 交通情况

内蒙古自治区境内的铁路线路由铁道部下属的三个铁路局管辖，分别是哈尔滨铁路局、沈阳铁路局和呼和浩特铁路局。截至2022年年底，内蒙古全区公路通车里程为21.6万千米。内蒙古自治区境内的主要机场有：呼和浩特白塔国际机场、包头东河机场、赤峰玉龙机场、锡林浩特机场、乌兰浩特义勒力特机场、通辽机场等。

## 二、内蒙古历史沿革

五千多年前，内蒙古已经是仰韶文化的分布范围。"东胡"一名最早见于成书年代可能是先秦的《逸周书》。1206年成吉思汗建立了大蒙古国，54年之后元世祖忽必烈在中原建立了元朝。清乾隆四十一年（1776年）平定了准噶尔少数贵族的叛乱，重新统一了蒙古族地区。为了加强对蒙古族的统治，中华人民共和国成立后，内蒙古自治政府改名为内蒙古自治区人民政府。

## 知识储备2 "赏"美增见识

### 一、内蒙古民族民俗

草原盛会那达慕：即游艺、联欢的意思，源于七百年前。那达慕之日商贩云集，说书献艺应有尽有，热闹非凡，最扣人心弦的莫过于赛马、摔跤、射箭。多在草原牛羊肥壮、稻谷飘香的8月举行。

祭敖包：这是蒙古族传统的宗教活动，敖包是在草原、山坡或沙丘高地上用石头、土块、柳条等垒筑而成的。"敖包"最早是在茫茫无边的草原上建立起来的能识别方向、道路、边界的标志，后成为祭祀山神、路神的地方。祭敖包多在7、8月份举行。祭祀时敖包上插树条，上面挂着五颜六色的布条或纸旗。在蒙古族人民心中，敖包是神圣的净地。

### 二、内蒙古风物特产

内蒙古有被称为中国"国老"的甘草、补气药材之最黄芪、中国地精——肉苁蓉，犴鼻、熊掌、鹿尾被誉为大兴安岭佳肴中的三大珍品。内蒙古又是牛、羊、驼、马之乡，盛产驼峰、驼掌、牛鞭、牛黄、马宝。黄河美鲤、河套蜜瓜、中华麦饭石、珍稀名贵的巴林彩石等，都是内蒙古特产。

## 知识储备3 "述"美展自信

### 一、内蒙古文化艺术

#### （一）游牧文化

我国内蒙古东部地区早期游牧文化发端于辽河流域的夏家店上层文化。游牧文化是世代相承的文化。3世纪初，蒙古高原统一之后，蒙古高原各区域间文化开始融合，不再是封闭的、纷争的部落族群，原有的部落格局被打破，结束了数千年的民族纷争历史，走向了民族统一、文化融合与传承的新纪元。

蒙古族的文化遗产十分丰厚，被列入国家级非物质文化遗产代表性项目名录的主要有：马头琴音乐、沙力搏尔式摔跤、祭敖包、那达慕等。蒙古族长调民歌与呼麦已被联合国教科文组织列入《人类非物质文化遗产代表作名录》。

## （二）文学曲艺

蒙古族剧种，由于历史、地理、社会经济及文化传统等诸多原因，与一般汉族剧种不同，尚未形成固定的声腔体系和表演程式。乌力嘎尔：蒙古语译音，意为说书，蒙古族曲艺之一。用蒙古语说唱，远在成吉思汗时代就有了这种艺术形式。长调：蒙古民歌主要艺术形式之一，主要流行于牧区。其内部结构较自由，题材集中表现在思乡、思亲、赞马、酒歌等方面，在一首民歌中所反映的内容多集中于一个侧面，很少有长篇巨制。"呼麦"是蒙古族特有的单人发出多声部唱法的高超演唱形式，是一种"喉音"艺术。

## 二、内蒙古旅游资源

内蒙古现有世界遗产 2 处：元上都遗址、长城（内蒙古段）；国家 5A 级旅游景区 6 处：鄂尔多斯市达拉特旗响沙湾旅游景区、鄂尔多斯市伊金霍洛旗成吉思汗陵旅游区、呼伦贝尔市满洲里市中俄边境旅游区、兴安盟阿尔山·柴河旅游景区、赤峰市克什克腾旗阿斯哈图石阵旅游区、阿拉善盟胡杨林旅游区。

### （一）元上都遗址（世界文化遗产）

元上都遗址（图 1-5-1）位于内蒙古自治区锡林郭勒盟正蓝旗上都镇，始建于蒙古宪宗六年（1256 年），元上都遗址外城整体呈曲尺正方形，位于皇城西、北两面，总占地面积约 2.88 平方千米，是中国历史政权元王朝的首都遗址、蒙元文化的发祥地。

图 1-5-1　元上都遗址

### （二）响沙湾旅游景区（5A 级景区）

响沙湾（图 1-5-2）地处陕西、山西、内蒙古乌金三角地带，位于中国著名的库布齐沙漠的最东端。景区面积为 24 平方千米，在蒙语中，响沙湾被称为"布热芒哈"，意为"带喇叭的沙丘"。响沙湾沙高 110 米，宽 400 米，依着滚滚沙丘，面临大川，背风向阳坡，地形呈月牙形分布，坡度为 45 度角倾斜，形成一个巨大的沙丘回音壁。响沙湾的沙鸣奇迹至今仍是一个谜团。

图 1-5-2　响沙湾

### （三）满洲里市中俄边境旅游区（5A 级景区）

满洲里（图 1-5-3）是中国最大的陆运口岸城市，融合中俄蒙三国风情，素有"东亚之窗""欧亚大陆桥"之称。城市位于内蒙古呼伦贝尔大草原的西北部。

图 1-5-3 满洲里市中俄边境旅游区

中俄边境旅游区由国门景区和套娃景区组成。国门景区是满洲里市标志性旅游景区，也是重要的爱国主义教育基地。景区位于满洲里市中俄互市贸易区西部，距市区 9 千米，包括国门、41 号界碑、满洲里红色秘密交通线遗址、仿制四代国门、和平之门广场、红色旅游展厅、中共六大展览馆、火车头广场等景观，其中第五代国门是中国陆路口岸最大的国门，与俄罗斯国门相对而立。

### （四）阿尔山国家森林公园（5A 级景区）

内蒙古阿尔山国家森林公园（图 1-5-4）是国家 5A 级旅游景区，位于内蒙古自治区兴安盟与呼伦贝尔市境内，地处大兴安岭西南麓，总面积 103 149 公顷，森林覆盖率达 80%。

图 1-5-4 阿尔山国家森林公园

公园属于火山熔岩地貌，生态环境良好，自然景观神奇而多样，整体资源集原始性、自然性、神奇性和多样性于一身，是亚洲最大的火山熔岩台地，世界第二大功能型矿（温）泉群。

## 素养导读 "品"美入我心

来到内蒙古大草原，你会被眼前的美景所震撼。在这片大草原上，湖泊如明珠般散落其中，为草原增添了一抹柔美的色彩。内蒙古大草原不仅是自然风光的瑰宝，更是蒙古族文化的摇篮。在这片土地上，游牧民族传承着千年的历史文化，演绎着独具特色的民俗风情。无论是赛马、射箭、摔跤等传统体育活动，还是长调、马头琴等蒙古族音乐舞蹈，都在这片草原上焕发着勃勃生机。内蒙古大草原的美丽与魅力，不仅仅在于自然景观的壮丽，更在于其深厚的文化底蕴。这里是一个让人流连忘返的地方，是一个让人们感受到大自然与人文和谐共生的地方。

无论你是寻求宁静的人，还是热爱历史文化的人，呼和浩特大草原都会给你留下深刻的印象和美好的回忆。这是一片让人向往和敬仰的土地，是一份属于全人类的宝贵遗产。

## 佳文导读　"析"美做实践 ▶▶

女士们、先生们，大家早晨好！今天我们要游览的是举世闻名的元上都遗址。

内蒙古自治区
元上都遗址

明媚绚丽的金莲川草原，孕育了丰富多彩的察哈尔文化，同时，伟大勤劳的蒙古人，也在这片金灿灿的草原上留下了不朽的遗迹！元上都就是其永恒煊赫的证明。

元上都是元朝的夏都，与元大都遥隔南北。河山相映，气势宏伟，景色秀美，确实是不可多得的风水宝地。

元上都最初是由汉人刘秉忠设计建造的。1271年，元上都开始大兴土木，进行扩建。对这次的增修，忽必烈非常重视。他仍然让刘秉忠总负责。后者则依据传统的城市布局观念，又考虑游牧生活的特点而修缮了这座城市。

所以上都城既有传统城市的布局，又适应蒙古游牧生活需要，是一座极富民族特色的草原城市。

总体上看，元上都由外城、皇城、宫城和四关城郊等部分组成，外城大体呈方形。内城为皇城，位于外城东南角，平面呈正方形，每边长1 400米。皇城城墙为黄土板筑，外面包砌石片。这座庄严宏伟的皇城，街道整齐，布局合理。

但世间万物的发展规律总是盛极必衰。大元朝轰轰烈烈，亦只在历史的舞台上兴盛了百余年。随着元朝的衰亡，元上都亦在战火中被焚毁。其后，又历经种种浩劫，最终变成目前这般只存城垣之遗址。

但不管怎样，元上都遗址仍然是最真实、完整的元代草原都市遗址，是元朝辉煌历史的实物见证，具有独特的历史、艺术和科学研究价值，是世界文化宝库中的珍贵遗产，是蒙古民族创造震撼世界辉煌成就的最有力的实物见证。

朋友们，愿元上都遗址给大家留下深刻而美好的记忆，欢迎大家再来元上都遗址考古旅游！

## 实训演练 →

### 一、实训要求

小夏通过系统学习，已经储备了相关知识，掌握了内蒙古的代表性文旅资源，即将接待一个从济南来元上都遗址旅游的研学团。请帮小夏准备一篇元上都遗址导游词并进行模拟讲解。

### 二、实施步骤

1.根据本节课所学内容对内蒙古自治区概况进行总结，并搜集元上都遗址相关历史文化、名人轶事等背景素材，并进行资料梳理和整合。

2.讲解前，做好仪容仪表、音量语速、手势走位等方面的状态准备。

3.请与小组成员分享你所写的导游词，并以小组为单位进行讲解展示，小组成员用评价表格进行点评，评出本组最优秀的讲解员。

## 专题二

# 东北地区 —— 关东冰雪 山水环绕

东北地区地处中国东北方，西起大兴安岭，东至长白山，北至黑龙江，南抵辽东半岛，北、东、南各方分别与俄罗斯、朝鲜为邻，包括黑龙江、吉林、辽宁三省。东北地区是我国火山熔岩地貌类型最丰富、数量最多、分布最广的区域，全区有火山堆230多座，组成20多个火山群。冰雪文化是东北的特色文化，寒冷漫长的冬季使东北拥有丰富的冰雪旅游资源。

## 学习目标 →

1. 了解东北地区历史、地理、气候、区划、人口、交通、旅游等概况；掌握东北地区各省会城市概况及主要游览地景观特色。

2. 能够运用所学知识形成知识脉络；从而能够较流畅地对辽宁省、吉林省和黑龙江省概况进行导游讲解。

3. 树立对东北地区优秀传统文化的自信心，为传播东北地区的文旅资源而自豪。

## 学习情境一 安宁辽河 —— 辽宁省

辽宁省，简称"辽"，取辽河流域永远安宁之意，省会沈阳市。辽宁省位于我国东北地区南部，是东北地区唯一的既沿海又沿边的省份，也是东北及内蒙古自治区东部地区对外开放的门户。其主要的文旅资源有九门口长城、沈阳故宫、昭陵、福陵、永陵和五女山山城、沈阳市植物园、大连老虎滩海洋公园等。

情境导入

　　小郭是千山旅行社的一名实习导游。这个周末他就要带第一个旅游团，有经验的导游提醒她除了准备景点导游词之外，还需要对辽宁省的概况有全面的了解。你可以帮小刘做好讲解服务的准备工作吗？

# 知识储备1 "习"美知天下

## 一、辽宁省基本概况

### （一）地理与气候

#### 1. 地理位置

辽宁省的东北与吉林省接壤，西北与内蒙古自治区为邻，是连接华北与东北地区的重要通道，西南与河北省毗连，东南以鸭绿江为界河，与朝鲜民主主义人民共和国隔江相望，南濒渤海和黄海，陆地面积14.86万平方千米。

#### 2. 气候特点

辽宁属温带大陆性季风气候，雨热同季，日照丰富，四季分明。

### （二）区划与交通

#### 1. 人口区划

截至2022年年末，辽宁省常住人口为4 197万人。辽宁省下辖沈阳市（副省级城市）、大连市（副省级城市，计划单列市）、鞍山市、抚顺市、本溪市、丹东市、锦州市、营口市、阜新市、辽阳市、盘锦市、铁岭市、朝阳市、葫芦岛市14个地级市。

#### 2. 交通情况

辽宁省是全国交通、电力等基础设施较为发达的地区。水运方面，大连港、营口港为国家主枢纽港。铁路、公路方面，截至2022年年末，辽宁省铁路营业里程6 302千米，高速公路通车里程4 348千米，在全国率先实现了陆地县全部通高速。航空方面，共有沈阳、大连、鞍山、丹东、营口、锦州、朝阳、长海8个民航机场。

## 二、辽宁省历史沿革

辽宁省历史源远流长。考古发现，早在40万~50万年以前，辽宁已是古人类活动的场所，营口金牛山遗址为中国东北地区最早的旧石器时代古人类遗址。东汉末期，辽宁为公孙氏占据，高句丽族也曾一度在此称雄。唐朝"安史之乱"后，松花江流域渤海政权兴起，辽宁成为其势力范围。契丹族兴起后，吞并渤海，建立辽政权。不久，女真族起兵抗辽，建立金朝。明朝中叶，女真首领努尔哈赤征服东北各族和部落，建立后金政权，其子皇太极最终统一中原，建立清王朝。辽宁因此被视为清王朝的"发祥地"，划归盛京特别行政区管辖。1931年9月18日，日本关东军发动"九一八事变"，东北沦为日本殖民地。解放战争中，中国人民解放军发动了著名的"辽沈战役"，取得了解放东北全境的重大胜利。从此，辽宁的历史翻开了走向新中国的辉煌篇章。

## 知识储备2 "赏"美增见识

### 一、辽宁省民族民俗

辽宁省少数民族人口居全国第六位。全省56个民族俱全，民族分布形式主要体现为"大杂居、小聚居"。有5个世居少数民族，即满族、蒙古族、回族、朝鲜族和锡伯族。

辽宁省传统习俗方面，较有代表性的有满族"三大怪"（窗户纸糊在外、大姑娘叼烟袋、养活孩子吊起来）、"尊老敬上"、请安和打千以及蒙古族"三餐不离茶"等。除此之外，辽宁省还拥有多项国家非物质文化遗产，如海城高跷秧歌、海城喇叭戏、抚顺地秧歌、医巫闾山满族剪纸、复州皮影戏、辽西木偶戏、辽宁鼓乐、东北大鼓、朝鲜族农乐舞、千山寺庙音乐等。

### 二、辽宁省风物特产

辽宁省的特产主要有人参、鹿茸、五味子、辽细辛、中国林蛙、柞蚕等；海中珍品主要有刺参、鲍鱼、扇贝和对虾，"四大海珍"，久负盛名；辽宁水果主要有苹果、梨（鞍山南果梨、北镇鸭梨、绥中白梨、辽阳香水梨）、山楂和葡萄四大品种。工艺美术制品方面，抚顺煤精雕、岫岩玉雕和辽西玛瑙雕为辽宁三大雕刻工艺品。此外，喀左紫砂陶器、本溪辽砚和沈阳胡魁章毛笔等也是辽宁省著名的工艺美术制品。

辽菜是根据辽宁地区民族和区域特点、饮食习俗，使用烧、炖、扒、焖、熘、拔丝、酱等烹调方法创建的一种地方菜系。因其具有满族特色、朝鲜族特色、农家特色、海鲜特色等，美名盛传。

## 知识储备3　"述"美展自信

### 一、辽宁省文化艺术

#### （一）辽河文化

辽河文化是辽宁地域文化的代表性符号。辽河是辽宁的母亲河，也是中华文明的母亲河之一。距今四五十万年前，辽宁就出现了人类活动。辽宁营口大石桥发现了距今 28 万年的古人类化石及遗址，是中国东北地区迄今发现时代最早、文化内涵最丰富的古人类遗址。阜新查海遗址是一处距今 8 000 年的史前聚落遗址，出土有迄今中国发现年代最早、形体最大的龙形象，是中国也是世界已知最早的真玉器，被誉为"玉龙故乡，文明发端"。由此，辽宁是中国玉文化的重要源头之一，其后的红山文化时期，玉文化更是达到发展的高峰。

#### （二）文学曲艺

辽宁省是一个文化大省，有着悠久的文化传统与深厚的文化底蕴。伯夷、叔齐的《采薇歌》是辽宁最早有文字记载的文学作品。唐太宗征辽东时留下了《辽城望月》《辽东山夜临秋》等诗篇。

辽宁省戏曲艺术种类齐全，特色鲜明。沈阳京剧院为"国家十大重点京剧院团"之一，沈阳唐派（唐韵笙）也是京剧的重要流派。评剧表演艺术家韩少云创立的韩派、花淑兰创立的花派和筱俊亭创立的筱派为沈阳评剧三大流派。辽宁二人转享誉全国，最为知名的是铁岭民间艺术团和锦州黑山县的二人转。小品也是辽宁曲艺的一大特色。

### 二、辽宁省旅游资源

辽宁沈阳是国家历史文化名城。辽宁省现拥有世界文化遗产 6 处：葫芦岛九门口长城、沈阳故宫、沈阳清昭陵、福陵、永陵和本溪五女山山城。拥有国家地质公园 3 处：本溪国家地质公园、朝阳古生物化石国家地质公园、锦州古生物化石和花岗岩地质公园。国家 5A 级旅游景区 6 处：大连市老虎滩海洋公园·老虎滩极地馆、本溪市本溪水洞景区、沈阳市植物园、大连市金石滩景区、盘锦市红海滩风景廊道景区、鞍山市千山景区。

## （一）沈阳故宫（世界文化遗产）

沈阳故宫（图 2-1-1），又称盛京皇宫，位于辽宁省沈阳市沈河区，为清朝初期的皇宫。沈阳故宫始建于 1625 年，建成于 1636 年，总占地面积 6 万平方米，它不仅是中国仅存的两大皇家宫殿建筑群之一，也是中国关外唯一的一座皇家建筑群。

图 2-1-1　沈阳故宫

## （二）盛京三陵（世界文化遗产）

盛京三陵指的是永陵、福陵、昭陵，是开创清王朝皇室基业的祖先陵寝。清永陵是清王朝的祖陵，位于抚顺市新宾满族自治县永陵镇西北启运山脚下，陵内埋葬有努尔哈赤的六世祖、曾祖、祖父、父亲及他的伯父和叔父，辈分位居关外三陵之首。清福陵是清太祖努尔哈赤与皇后叶赫那拉氏的陵墓，是清朝命名的第一座皇陵。福陵始建于公元 1629 年，经康熙、乾隆两帝增建，具有今日规模。清昭陵（图 2-1-2）是清太宗皇太极及其皇后的陵墓，在盛京三陵中规模最大，结构最完整。因坐落在沈阳市北端，故又称北陵。

图 2-1-2　清昭陵

## （三）老虎滩海洋公园（5A 级景区）

老虎滩海洋公园（图 2-1-3）坐落于辽宁省大连市南部海滨中部，是市区南部最大的景区。占地面积 118 万平方米，4 000 余米海岸线，是中国最大的一座现代化海滨游乐场。

图 2-1-3　老虎滩海洋公园

## （四）大连市金石滩景区（5A 级景区）

大连市金石滩景区（图 2-1-4）位于辽东半岛黄海之滨，距大连市区 20 千米，由山、海、滩、礁组成，是以凉水湾附近独特的海滨地质地貌景观为主的海滨游览、科普研究及疗养度假等综合型海滨风景名胜区。

金石滩浓缩了距今 3 亿 ～ 6 亿年前的地貌奇观，形成了被称为"东方神力雕塑"的海蚀岸、海蚀洞、海蚀柱等奇观，被专家们称为"凝固的动物世界"。

图 2-1-4　大连市金石滩景区

## 素养导读 "品" 美入我心

辽宁省作为东北地区唯一沿海又沿边的省份，担负着对外兼收并包、对内安守家园的重大责任，省会沈阳同时拥有"东方鲁尔""共和国装备"的美称。大连港，我国第一艘航空母舰就是在大连港进行国产化改造的，这艘于 2012 年 9 月 25 日被正式命名为"辽宁号"的航空母舰是一艘训练舰和试验舰，被交予中国人民解放军海军使用。辽宁的气质是既内敛又开放的，宛如省花天女木兰，初时长在深山不为人知，可谓是"山中无甲子，花开不知年"；一朝在桓仁满族自治县被人发现，便一跃成为省内第一花，受到海内外的普遍关注。

## 佳文导读 "析" 美做实践

各位游客朋友们大家好，我是你们今天的导游，欢迎来到沈阳故宫参观游览。

沈阳故宫位于辽宁省沈阳市中心，是中国仅存的两大宫殿建筑群之一，又称盛京皇宫，为清朝初期的皇宫。2004 沈阳故宫作为明清皇宫文化遗产扩展项目列入《世界文化遗产名录》。沈阳故宫那金龙盘柱的大政殿、崇政殿，排如雁行的十王亭、万字炕口袋房的清宁宫，古朴典雅的文溯阁，以及凤凰楼等高台建筑、"宫高殿低"的建筑风格，在中国宫殿建筑史上绝无仅有。

辽宁省沈阳故宫

　　沈阳故宫设在沈阳"井"字形大街的中心，共分为三部分：东路为努尔哈赤时期建造的大政殿与十王亭，中路为清太宗时期建造的大中阙，西路是乾隆时期增建的文溯阁等。

　　沈阳故宫以其独特的建筑艺术和特殊的历史而闻名中外，在这片绚丽多彩、雄伟多姿的建筑群中，最古老、最具特色的就是我们面前的大政殿。

　　大政殿建造于1625年，是处理国家政务和举行庆典活动的主要场所之一。大政殿为八角重檐攒尖式建筑，外形近似满族早期在山林中狩猎时所搭的帐篷。在大政殿的房脊上，还饰有八个蒙古力士，牵引着八条铁链，象征着"八方归一"。正门前的大柱上，盘旋着两条翘首扬爪的金龙，是受汉族敬天畏龙思想的影响，以龙代表天子的至尊无上。大政殿建筑特点的多样性，体现了多民族文化的融合。金龙盘柱，尽显中原之风；八位力士又流露了浓郁的蒙古色彩；而亭帐式的风貌，则是满族古老文化的延续。

　　看到这里，我们今天的参观已接近尾声。沈阳故宫的三路建筑是分期建造的，布局却是一气呵成，完整和谐。特别是三路建筑分别代表了"八和硕贝勒共治国政""皇太极南面独尊""康乾盛世"三个时期社会发展的基本特征。"建筑是凝固的历史"，从总体来看，沈阳故宫以建筑的方式反映了满族政权和满族社会崛起—兴盛—高度发展的历史进程。

## 实训演练　→

### 一、实训要求

　　小郭通过系统学习，已经储备了相关知识，掌握了辽宁省的代表性文旅资源，即将接待一个从河北省来辽宁省沈阳故宫旅游的历史研学团。请帮小郭准备一篇沈阳故宫导游词并进行模拟讲解。

### 二、实施步骤

　　1.根据本节课所学内容对辽宁省进行概况总结，并搜集沈阳故宫相关历史文化、宫殿建筑等背景素材，进行资料梳理和整合。

　　2.讲解前，做好仪容仪表、音量语速、手势走位等方面的准备。

　　3.请与小组成员分享你所写的导游词，并以小组为单位进行讲解展示，小组成员用评价表格进行点评，评出本组最优秀的讲解员。

## 学习情境二 白山松水 —— 吉林省

吉林省名称源于满语"吉林乌拉",意为"松花江沿岸",简称"吉",位于中国东北地区的中部,省会是长春。长春是著名的"汽车城""电影城""科教文化城""森林城"和"雕塑城"。吉林省主要的文旅资源有伪满皇宫博物馆、长春电影制片厂、长影世纪城、净月潭、长白山、松花湖以及高句丽王城、王陵及贵族墓葬等。

### 情境导入

小吴是旅游专业的一名刚刚毕业的学生。在旅行社实习期间为了更好地成长为一名优秀导游,除了景点导游词外还需要储备更多的吉林省相关旅游知识,这样才能让旅游者对旅游目的地有一个更加全面的了解。你可以帮小吴做好讲解服务的准备工作吗?

## 知识储备1 "习"美知天下

### 一、吉林省基本概况

#### (一)地理与气候

##### 1. 地理位置

吉林省位于中国东北地区中部,东与俄罗斯接壤,东南以图们江、鸭绿江为界,与朝鲜相望,边境线长达1 400多千米,南连辽宁省,西接内蒙古自治区,北邻黑龙江省,总面积18.74万平方千米,占中国国土面积的2%。

##### 2. 气候特点

吉林省位于中纬度欧亚大陆的东侧,属于温带大陆性季风气候,四季分明,雨热同季。吉林省气温、降水、温度、风以及气象灾害等都有明显的季节变化和地域差异。春季干燥风大,夏季高温多雨,秋季天高气爽,冬季寒冷漫长。

### （二）区划与交通

#### 1. 人口区划

吉林省辖 1 个副省级城市（长春市）、7 个地市级城市（吉林市、四平市、白山市、通化市、辽源市、白城市和松原市）、1 个少数民族自治州（延边朝鲜族自治州）和长白山保护开发区管理委员会。截至 2022 年年末，吉林省常住人口为 2 347.69 万人。

#### 2. 交通情况

全国主要铁路干线京哈线贯穿吉林南北。吉林省铁路以长春为中心，以吉林、四平等为主要枢纽，以京哈、长图、长白等线路为干线，形成连接吉林省各市、州及广大城乡的铁路网。吉林省主要通航河流有松花江、嫩江、图们江和鸭绿江。一般 4 月中旬至 11 月下旬为通航期。吉林省内河航道 1 789 千米，其中大安港是吉林省最大的内河港口，是吉林省同俄罗斯远东地区开展直接贸易的重要水上通道。

## 二、吉林省历史沿革

距今 1 万～5 万年前出现的"榆树人""安图人""青山头人"，是吉林省古人类文明形成的重要标志。从先秦开始，吉林就被历代中央政权划入行政区域管辖之下。在汉朝时设置郡县，唐朝的渤海及后来的辽、金、元各代也设立了府、州、县。明朝设立都司、卫所。清康熙十二年（1673 年），清廷建吉林城，命名"吉林乌拉"，吉林由此得名。1907 年，正式建吉林行省，设吉林巡抚（吉林省第一任巡抚为顾肇熙），省会设于吉林市。1948 吉林省全境解放。1954 年 9 月 27 日，长春直辖市改为省辖，省会迁往长春。吉林成为全国唯一的省与本省中一个市重名的省份。

## 知识储备 2 "赏"美增见识

## 一、吉林省民族民俗

吉林省主要少数民族为朝鲜族、满族、蒙古族，满族、蒙古族、回族和锡伯族为世居民族，朝鲜族 19 世纪中叶开始从朝鲜大批迁入中国定居。

吉林乡间民俗风情被概括为"窗户纸糊在外、土坯房子篱笆寨、黄土打墙墙不倒、烟囱安在山墙边、索勒杆子戳门外"。流行在吉林的秧歌，是一种舞蹈、歌唱、戏剧三者综合，以舞为主的民间艺术。从表演形式上可分为地秧歌、高跷秧歌、寸子秧歌以及抬杆、背杆、橛杆等多种表现形式。

## 二、吉林省风物特产

吉林省盛产野生中药材，多达 70 余种，有党参、黄檗、贝母等。当地的土特产品还有红景天、林蛙、不老草、灵芝、蕨菜、薇菜、黑木耳等。吉林省手工艺品有松花湖浪木根雕、松花湖奇石、树皮画、满族剪纸、吉林彩绘雕刻葫芦、黄柏木刻象棋、泥玩具、绢花、吉林手工彩绘木雕等。

吉菜名菜有清蒸白鱼、人参鸡、烧鹿尾、满族八大碗等，小吃有李连贵熏肉大饼、黏豆包、蘸酱菜和朝族泡菜、冷面、打糕等。

# 知识储备 3  "述" 美展自信

## 一、吉林省文化艺术

### （一）满族文化

吉林省有丰富的非物质文化遗产资源。九台被称为我国萨满文化之乡，也是猎鹰文化的发祥地。此外，吉林满族说部、长白山的满族剪纸、满族的珍珠球与枕头顶刺绣等都是我国非物质文化遗产资源。吉林省目前还有很多具有满族特色的风俗习惯，比如春节期间的满族秧歌、正月十五的"火祭"、日常生活中的游戏"欻嘎拉哈"等，都是满族民俗文化的主要构成。

### （二）文学曲艺

早期的吉林文学包括渤海文学、辽代文学、金代文学和清代文学。现存的渤海文学主要是诗歌与散文；辽代文学主要表现了契丹族的生产生活情景；金代文学主要表现了北方民族独特的游猎文化；清代文学表现了乌拉地区满族人民的渔猎、田园生活。

吉林省主要表演艺术有二人转、东北秧歌、吉剧、新城戏和黄龙戏等。二人转，亦称"蹦蹦"，是东北地区喜闻乐见的、具有浓郁地方色彩的民间艺术。吉林秧歌是将舞蹈、歌唱、戏剧三者综合，以舞为主的民间艺术。

## 二、吉林省旅游资源

吉林省有世界文化遗产 2 处，即高句丽王城、王陵及贵族墓葬，以及长城（辽宁段）；5A 级旅游景区 7 处，分别是长白山景区、长春市宽城区伪满皇宫博物院、长春市南关区净月潭景区、长春市南关区长影世纪城景区、延边朝鲜族自治州敦化市六鼎山文化旅游区、长春市南美区世界雕塑公园景区、高句丽文物古迹旅游区；拥有吉林市、集安市 2 个国家历史文化名城。

### （一）长白山（5A 级景区）

长白山（图 2-2-1）位于吉林省东南的中朝边境，是著名的湖泊、瀑布、林海、温泉风景区。长白山是世界闻名的巨型复合式盾状火山体，它以主峰白云峰为中心，呈放射状分布着 100 多座小火山，面积 1 万多平方千米，形成横跨中朝两国边境、连绵叠嶂的壮丽景色。长白山主峰白云峰海拔 2 691 米，是我国东北最高峰，号称"东北第一峰"。长白山山顶有火山口湖——天池，是中国和朝鲜的界湖。

图 2-2-1　长白山

### （二）高句丽王城、王陵及贵族墓葬（世界文化遗产，5A 级景区）

高句丽王城、王陵及贵族墓葬（图 2-2-2）主要包括五女山山城（辽宁）、国内城、丸都山城、12 座王陵、26 座贵族墓葬、好太王碑和将军坟一号陪冢，位于吉林省集安市和辽宁省桓仁县。集安的将军坟有"东方金字塔"之称。高句丽政权始于公元前 37 年，止于公元 668 年，曾是中国东北地区影响较大的少数民族政权之一，在东北亚历史发展过程中发挥了重要作用。

图 2-2-2　高句丽王城、王陵及贵族墓葬

### （三）伪满皇宫博物院（5A 级景区）

伪满皇宫博物院（图 2-2-3）位于长春市光复路北 5 号，是中国现存的三大宫廷遗址之一。伪满皇宫是中国清朝末代皇帝爱新觉罗·溥仪充当"伪满洲国"皇帝时居住的宫殿，是日本帝国主义武力侵占中国东北、推行法西斯殖民统治的历史见证。伪满皇宫可分为进行政治活动的外廷和日常生活的内廷两部分，现分别辟为伪满皇宫陈列馆和伪满帝宫陈列馆。

图 2-2-3　伪满皇宫博物院

### （四）净月潭景区（5A 级景区）

净月潭景区（图 2-2-4）位于长春市东南部长春净月经济开发区，景区面积为 96.38 平方千米，其中水域面积为 5.3 平方千米，森林覆盖率达到 96% 以上。净月潭因形似弯月而得名，与台湾日月潭互为姊妹潭，是 "吉林八景" 之一，被誉为 "净月神秀"。

图 2-2-4　净月潭景区

## 素养导读 "品" 美入我心 ▶▶▶

杨靖宇是中国共产党东北抗日联军的一位优秀的高级军事指挥将领，1927 年 6 月加入中国共产党。杨靖宇将军在担任东北抗日联军第一路军总司令时，率领部队攻克了大小城镇 10 余处，消灭了日本侵略者达到 2.5 万人。后来不幸的是由于叛徒们的出卖，杨靖宇与他的部队陷入了绝境。没有吃的，没有穿的，倒下的战士们也越来越多。直到最后，只剩下了杨靖宇一人，但是他仍坚持与日军斗争了 5 个昼夜。最终，杨靖宇还是倒下了，他死后日军残忍地剖开其腹部，发现里面除了没有消化的树皮、草根和棉絮，竟没有一粒粮食。1946 年，为纪念在此牺牲的杨靖宇将军，濛江县改名为靖宇县，保安村改名为靖宇村。杨靖宇将军的 "坚持真理，忠心报国，艰苦奋战，英勇献身" 的革命精神永远值得我们学习和传承。

## 佳文导读 "析" 美做实践 ▶▶▶

吉林省长白山

游客朋友们，大家好，欢迎来到吉林省长白山国家级自然保护区旅游观光，我是这里的导游员，非常高兴有机会陪同各位一道参观游览长白山。敬爱的邓小平同志游览长白山后说过："不登长白山终生遗憾！" 是的，我想诸位今天游览长白山后会有更加深刻的体会——长白山将是您生态旅游、回归自然的首选胜地。

长白山，位于吉林省延边州安图县和白山市抚松县境内，是中朝两国的界山，中华十大名山之一。国家 5A 级风景区，关东第一山，长白山因其主峰上有终年不化的皑皑白雪和灰白色的浮石而得名，素有 "千年积雪万年松，直上人间第一峰" 的美誉。

长白山群峰无数，最有名的是天池周围的十六峰。这十六峰是由火山喷发物堆积而成的环状山岭，和由花岗岩组成的山峰林地貌形成强烈的对比。长白山又是一座世界自然生态关系保存较为原始状态的山，有一个完整的"野生动植物社会"。其动物、植物均多达千种以上。

游客们，我们已经进入长白山自然保护区了，长白山的自然景观与动植物区系，是欧亚大陆北半部自然综合体，是一座天然的基因宝库，为世界所罕见。长白山自然保护区南北长 79.5 千米，东西宽 47 千米，总面积 19 万公顷。

长白山天池是长白山是最具风姿、最为壮丽、最具有神秘色彩的自然景观。天池还有"图们泊"之称，"图们"满语为"万"，是万水之源的意思。天池是松花江的发源地，位于长白山十六峰的环抱簇拥之中。在我国境内有 10 座山峰，其中最高的一座是白云峰，海拔 2 691 米。天池南北长 4 400 米，东西宽 3 370 米，面积为 9.82 平方千米。它的最深处为 373 米，平均水深 204 米，蓄水量为 20.4 亿立方米。年积雪日数长达 285 天，积雪最深达 3 米。天池是中国最高、最大、最深的高山湖泊。长白山以它"天工、博大、神奇"的特点成为著名的旅游胜地和科学探索的神奇王国。

游客朋友们，一天的行程即将结束，非常感谢各位的支持与配合，真诚地希望我们能再次相遇，共享大自然风光！

## ▌▌实训演练 →

### 一、实训要求

小吴通过系统学习，已经储备了相关知识，掌握了吉林省的代表性文旅资源，即将接待一个从北京来吉林省长白山天池的夕阳红旅游团。请帮小吴准备一篇长白山天池导游词并进行模拟讲解。

### 二、实施步骤

1. 根据本节课所学内容对吉林省概况进行总结，并搜集长白山天池相关地理地貌、历史发展等背景素材，并进行资料梳理和整合。

2. 讲解前，做好仪容仪表、音量语速、手势走位等方面的准备。

3. 请与小组成员分享你所写的导游词，并以小组为单位进行讲解展示，小组成员用评价表格进行点评，评出本组最优秀的讲解员。

## 学习情境三 北国风光 —— 黑龙江省

黑龙江省，简称"黑"，省会是哈尔滨市，位于中国东北部，是中国位置最北、纬度最高的省份。黑龙江旅游资源丰富，主要的文旅资源有太阳岛公园、圣索菲亚大教堂、镜泊湖、五大连池、亚布力滑雪场、扎龙自然保护区等。

### 情境导入

小王是镜泊湖旅行社的一名导游。在接待旅游团的过程中他发现，除准备景点导游词之外，更多旅游者希望对黑龙江省的概况有所了解，你可以帮小王做好讲解服务的准备工作吗？

## 知识储备1 "习"美知天下

### 一、黑龙江省基本概况

#### （一）地理与气候

**1. 地理位置**

黑龙江省北、东部与俄罗斯隔江相望，西部与内蒙古自治区相邻，南部与吉林省接壤，总面积47.3万平方千米。

**2. 气候特点**

黑龙江全省气候的主要特征是春季低温干旱，夏季温热多雨，秋季易涝早霜，冬季寒冷漫长，无霜期短，气候地域性差异大。

#### （二）区划与交通

**1. 人口区划**

黑龙江省共辖12个地级市（含1个副省级城市——哈尔滨市）、1个地区行署。截至2022年年末，黑龙江省常住人口为3 099万人。

### 2. 交通情况

黑龙江省铁路以哈尔滨为中心，向四周辐射，并以齐齐哈尔、牡丹江和佳木斯为主要枢纽。公路交通在黑龙江省占有很大比例，广大北部、东部地区仍以公路运输为主。黑龙江省拥有哈尔滨太平国际机场、齐齐哈尔三家子机场、牡丹江海浪机场、佳木斯东郊机场等共计 13 座已通航民用机场。

## 二、黑龙江省历史沿革

黑龙江省远古时期就有人类活动。其中最有代表性的是"哈尔滨人"遗址。秦以后，在黑龙江地区生息活动的先后有挹娄人、夫余人、鲜卑人、勿吉人和靺鞨人等。698 年，粟末靺鞨首领大祚荣建立渤海国，定都上京（今宁安）。1115 年，金太祖完颜阿骨打建国号"金"，定都会宁府（今阿城），直至海陵王贞元元年（1153 年）。清设黑龙江将军和吉林将军，管辖黑龙江地区。1858 年和 1860 年，沙俄通过不平等的《中俄瑷珲条约》和《中俄北京条约》，强行割占了黑龙江以北，乌苏里江以东 100 多万平方千米的土地。1949 年中华人民共和国成立后，黑龙江地区在中华人民共和国成立之初仍设松江、黑龙江两省。1954 年 8 月，松江省建制撤销与黑龙江省合并为新的黑龙江省，省会由齐齐哈尔市迁往哈尔滨市。

## 知识储备 2 "赏"美增见识

## 一、黑龙江省民族民俗

黑龙江省是一个多民族、散杂居的边疆省份。世居黑龙江省的少数民族有 10 个，分别是满、朝鲜、蒙古、回、达斡尔、锡伯、赫哲、鄂伦春、鄂温克和柯尔克孜。赫哲族是黑龙江省独有的世居少数民族。

以农耕为主的满族、朝鲜族，以捕鱼为生的赫哲族；以狩猎为生的鄂伦春族；以牧业为主的蒙古族、达斡尔族，这些民族保留着北方少数民族所特有的民俗风情，成为黑龙江省重要的民俗旅游资源。如每年春季举行的鄂伦春族古伦木沓节（"古伦木沓"为鄂伦春语，意为祭祀火神）。

## 二、黑龙江省风物特产

黑龙江省的主要特产有：东北大米、哈尔滨红肠、酒糖、大马哈鱼、野生蘑菇、黑木耳、貂皮、鹿茸、灵芝、人参、松子、榛子等。其中"五常大米"是中国国家地理标志产品，已纳入中欧互认地理标志，元蘑、榛蘑、猴头蘑被人们称为东北"三大蘑菇"。

黑龙江省菜品以炖菜居多，有小鸡炖蘑菇、酸菜白肉炖粉条、得莫利炖鱼、鲶鱼炖茄子、牛肉炖柿子、东北乱炖等。主食有当地大米、黏豆包、炸三角、大列巴等。

# 知识储备 3 "述"美展自信

## 一、黑龙江省文化艺术

### （一）东北文化

东北文化也叫黑土文化，包含着三种文化类型：一是少数民族的文化，二是中原文化、汉文化，三是异国文化。东北文化的形成首先是地理位置和自然环境——地处边陲，大漠莽林、大风大雪、大江大河、大山大林、大团的蚊虻、大群的野兽，自然要影响到东北文化的形态风貌。其次是人文环境的历史构成——从东夷人到渤海国，从秦汉时期的移民迁入到契丹族和女真族两次入主中原，再到明清时代的移民由入关到出关的回流。冀鲁晋流民齐闯关东和日伪时期长达十余年的奴化教育和殖民地文化的影响，构成了东北文化结构的复杂性和独特性。

### （二）文学曲艺

中国近现代女作家萧红，与吕碧城、石评梅、张爱玲并称"民国四大才女"，被誉为"20 世纪 30 年代的文学洛神"。黑龙江省美术以版画闻名，赫哲族人的鱼皮画表现出了极高的艺术水准，具有非常高的审美价值与收藏价值。

黑龙江省喜闻乐见的文艺形式主要有龙江剧、二人转、大秧歌等。二人转是在东北秧歌、民歌的基础上，吸收借鉴了莲花落、评剧、皮影等艺术逐渐发展起来的，流传于东北三省，在黑龙江省形成北路的特点——表演细腻，唱腔优美，以唱功取胜。

## 二、黑龙江省旅游资源

黑龙江省有 1 项世界遗产，即长城（黑龙江段）；6 处国家 5A 级旅游景区，即哈尔滨太阳岛、五大连池、镜泊湖、汤旺河区林海奇石景区、漠河北极村、虎林市虎头旅游景区；有世界地质公园 2 处，分别是五大连池世界地质公园、镜泊湖世界地质公园；1 家国家级旅游度假区，即亚布力滑雪旅游度假区；2 座国家历史文化名城，即哈尔滨市、齐齐哈尔市。

## （一）五大连池（5A 级景区）

五大连池风景区（图 2-3-1），位于黑龙江省黑河市五大连池市，景区总面积为 1 060 平方公里，1719—1721 年，火山喷发，熔岩阻塞白河河道，形成五个相互连接的湖泊，因而得名五大连池。五大连池是我国唯一以火山地貌及生态系统为保护对象的自然保护区，有"火山地貌博物馆""中国矿泉水之乡""中国著名火山之乡"之称。

图 2-3-1 五大连池风景区

## （二）镜泊湖（5A 景区）

镜泊湖（图 2-3-2），位于中国黑龙江省牡丹江市宁安市境西南部的松花江支流牡丹江干流上，是中国最大、世界第二大高山堰塞湖。满语称此潭为"发库"，即"海眼"之意，湖水从此处流入牡丹江中。

镜泊湖由玄武岩构成陡峻的峭壁，湖水由上冲泻而下，形成一个宽约 30 米、落差 20 多米的镜泊湖瀑布，即"吊水楼"。

图 2-3-2 镜泊湖

## （三）漠河北极村（5A 级景区）

漠河北极村（图 2-3-3）位于大兴安岭地区，是中国观测北极光的最佳地点、中国"北方第一哨"所在地，也是中国最北的乡镇、全国最北的旅游景区。素有"金鸡之冠""神州北极"和"不夜城"之美誉。北极村每年夏至前后，一天 24 小时几乎都是白昼，午夜向北眺望，天空泛白，像傍晚又像黎明。夏至前后以及深秋朗月夜常常万里晴空，是观赏北极光的最佳时节。

图 2-3-3 漠河北极村

## （四）哈尔滨太阳岛（5A 级景区）

太阳岛（图 2-3-4）位于哈尔滨市区松花江北岸，总面积 38 平方千米。太阳岛是一处由冰雪文化、民俗文化等资源构成的多功能风景区，也是中国国内的沿江生态区。岛内坡岗全是洁净的细沙，阳光下格外炽热，故称太阳岛。

图 2-3-4　太阳岛

## 素养导读　"品"美入我心 ▶▶▶

　　"北国风光，千里冰封，万里雪飘。"黑龙江近 50 万平方千米的沃土之上，林木如海，矿产富饶，良田超亿亩，作物年产千万吨——数年蝉联全国粮食产量第一位，每年有大批量的粮食从这里出发，被运输至世界各地。在这里，不能小看盘子的尺寸，也不能低估美食的分量。这种珍贵的人情之暖，足以驱散冰雪之寒。这里还有大气的三江平原、瑰丽的小兴安岭，四大水系纵横交错，轮番奏响纯天然的绿色交响乐，就连平日里温文尔雅的松花江在初春乍到时，也有排山倒海般的恢弘气势。

黑龙江省镜泊湖

## 佳文导读　"析"美做实践 ▶▶▶

　　各位游客朋友们，大家好！欢迎来到镜泊湖参观游览。镜泊湖是我国最大的火山熔岩堰塞湖，它宛若一颗璀璨的明珠镶嵌在祖国北疆的翠屏之上。它以天然无饰的独特风姿和峻奇秀美的自然景观闻名于世，受到国内外游客的赞誉。

　　镜泊湖风景名胜区总面积 1 726 平方千米，由三部分组成，一是镜泊湖游览区，展现了百里长湖的奇观胜景；二是火山口原始森林自然保护区，展现了丰富的地下森林资源、动植物资源和神奇壮美的火山熔岩洞景观；三是唐代渤海国上京龙泉府遗址，展现了历史悠久的人文景观。

　　游客朋友们，我们已经来到了镜泊湖的湖区，湖区面积为 120 平方千米。镜泊湖的主体水源是牡丹江，其水系大约有30条河流，呈向心式汇入湖中。镜泊湖上游是牡丹江，下游也是牡丹江。全湖由西南至东北走向，蜿蜒曲折，呈英文"S"形。全湖分为北湖、中湖、南湖和上湖四个湖区，客人一般游湖游得是北湖，它相当于16个杭州西湖那么大，镜泊湖没有西湖那人间天堂的美誉，也没有西湖那么多人工精心的雕琢，它是朴素无华的，毫无矫揉造作之气。

镜泊湖让人流连忘返，乐而忘忧，山重水复，曲径通幽，水中山碧绿，山中水湛蓝，山从水中起，水在山中生，山山水水，相依相恋，光有山没有水，让人觉得枯燥，光有水没有山，又让人觉得茫然，只有山水兼备，才是完美，诗情画意充斥在这山水之间，难怪许多文人墨客在游览镜泊湖时都禁不住诗兴大发，其中最著名的要数叶剑英元帅的"山上平湖水上山，北国风光胜江南"，这一语道出了镜泊湖的特色所在，这独特的北国风光怎能不胜江南呢？

各位游客朋友们，镜泊湖的游览即将接近尾声，期待与大家的再次相逢。

## 实训演练 →

### 一、实训要求

小王通过系统学习，已经储备了相关知识，掌握了黑龙江省的代表性文旅资源，即将接待一个从海南省来黑龙江省镜泊湖旅游的医生团。请帮小王准备一篇镜泊湖导游词并进行模拟讲解。

### 二、实施步骤

1. 根据本节课所学内容对黑龙江省概况进行总结，并搜集镜泊湖相关湖泊类型、景观特点等背景素材，进行资料梳理和整合。

2. 讲解前，做好仪容仪表、音量语速、手势走位等方面的准备。

3. 请与小组成员分享你所写的导游词，并以小组为单位进行讲解展示，小组成员用评价表格进行点评，评出本组最优秀的讲解员。

# 华东地区——山峻水秀 名城佳园

华东地区包括上海市、江苏省、浙江省、安徽省、福建省、江西省和山东省。华东地区位于中国东部，地形以长江中下游平原、江南丘陵及淮南山地等为主，华东地区经济发达，物产丰富，既是我国重要的工业基地之一，也是全国旅游区中名山胜水集中之地，同时人文旅游资源独具特色，旅游城市多，古典园林享誉世界。

## 学习目标 →

1. 了解华东地区省市的历史、地理、气候、区划、人口、交通、旅游等概况；掌握华东地区各省市代表性饮食风物特点和文旅资源。

2. 能够运用所学知识形成知识脉络；能够较流畅地对上海市、江苏省、浙江省、安徽省、福建省、江西省和山东省进行导游讲解。

3. 树立对华东地区优秀传统文化的自信心，为传播华东地区的文旅资源而自豪。

## 学习情境一　东方明珠——上海市

上海简称"沪"，别称"申"，是中国四个中央直辖市之一。上海是一座具有光荣革命传统的城市，留下了许多珍贵历史遗迹。上海也是中西文化的交汇点，其城市建筑群享有"世界建筑博览会"之誉，主要文旅资源有豫园、玉佛寺、外滩和南京路步行街、浦东新区与南浦大桥、杨浦大桥等。

情境导入

　　小张是上海外滩旅行社的一名导游。他在带团过程中发现，除了准备景点导游词之外，对上海有关概况的了解对带团非常有帮助，你可以帮小张做好讲解服务的准备工作吗？

# 知识储备 1 "习"美知天下

## 一、上海市基本概况

### （一）地理与气候

#### 1. 地理位置

上海西接江苏、浙江两省，北接长江入海口，其中崇明岛是中国的第三大岛。

#### 2. 气候特点

上海属北亚热带季风性气候，四季分明，日照充分，雨量充沛。

### （二）区划与交通

#### 1. 人口区划

截至 2022 年年末，上海市常住人口为 2 475.89 万人，辖有 16 个区：黄浦区、徐汇区、长宁区、静安区、普陀区、虹口区、杨浦区、闵行区、宝山区、嘉定区、浦东区、金山区、松江区、青浦区、奉贤区、崇明区。

#### 2. 交通情况

上海市交通四通八达，是中国铁路枢纽、民用航空运输中心及邮轮母港。上海国际航运中心建设以外高桥码头、洋山深水港和吴淞口国际邮轮码头为代表；航空运输方面，上海有虹桥、浦东两大机场；铁路方面，上海拥有上海站、上海南站、上海虹桥站三个铁路主客运站；公路方面，上海已通车的国家高速公路有京沪高速 G2（北京至上海）、沈海高速 G15（沈阳至海口）、沪陕高速 G40（上海至西安）等。上海长江大桥是世界上规模最大的隧桥结合工程，全长 25.5 千米。

## 二、上海市历史沿革

春秋战国时期，相传上海曾经是楚国春申君的封邑，故上海别称为"申"。公元4世纪至5世纪时的晋朝，因此地居民创造了一种竹编的捕鱼工具而得名"沪（沪）"。1292年，元朝政府把上海镇从华亭县划出，批准设立上海县，标志着上海建城之始。16世纪中叶，明代的上海已成为全国棉纺织手工业中心。1685年，清朝政府在上海设立海关，对外开埠通商。1978年以来，上海率先走出一条具有特大城市特点的科学发展之路。2022年，上海在已基本建成国际经济、金融、贸易、航运中心的基础上，已形成具有全球影响力的科技创新中心基本框架体系，并正坚定迈向具有世界影响力的社会主义现代化国际大都市。

# 知识储备 2 "赏"美增见识

## 一、上海市民族民俗

上海有55个少数民族，是我国少数民族散居地区。上海有关财神的民俗风情尤受重视。上海人把农历正月初五称作"路头神"，即"五路财神"的生日，民间初四夜和初五有接财神之俗。中秋节，有"斋月宫"的民俗，是"祭月"的别称。每逢中秋，家家户户供上月饼。立冬的一大习俗是"吃团子"，这时恰逢秋粮上市，用新粮食做成的团子特别可口。

## 二、上海市风物特产

上海的特产工艺品有上海牙雕、上海玉雕、嘉定竹刻、上海玉器等；烟酒有熊猫香烟、中华香烟、红双喜香烟、大前门香烟、枫泾黄酒、崇明老白酒等；特产美食有大白兔奶糖、高桥松饼、全蛋萨其马、枫泾豆腐干、状元糕（有金泽和枫泾的）、城隍庙的五香豆、梨膏糖等。

上海菜是我国主要的地方风味菜之一，菜肴浓油赤酱、汤卤醇厚不腻，咸淡适中。代表名菜有响油鳝糊、油爆河虾、油酱毛蟹、虾子大乌参、八宝辣酱、八宝鸭、糟钵头、草头圈子等。著名的特色小吃有南翔馒头店的南翔小笼包，湖滨美食楼的开阳葱油面、蟹壳黄等。

# 知识储备3 "述"美展自信

## 一、上海市文化艺术

### （一）海派文化

海派文化本质上是上海的城市文化，糅合了以江南传统文化为主体的吴越文化和欧美的外来文化，他们相互影响、相互交融后形成了上海特有的文化。海派文化是尊重多元化、个性化，兼顾个人利益和社会利益，以契约精神为主导的理性的、较成熟的商业文化。海派文化既有江南吴越文化的古典与雅致，又有国际大都市的现代与时尚。区别于中国其他文化，具有开放而又自成一体的独特风格。上海的海派文化氛围，为作家们提供了多元的创作空间。鲁迅、茅盾、巴金等著名作家都曾经在上海定居生活，并留下了著作，如茅盾先生的小说《子夜》，巴金的小说《寒夜》和《随想录》，张爱玲和王安忆是上海独特文化孕育的著名女作家。

### （二）电影与绘画

电影传入中国从上海开始。从1896年到1898年，一个美国商人先后在上海短期放映美、法等国的短片，并在当时《申报》上刊登电影广告，引起轰动。1931年华光片上有声电影公司在日本完成中国第一部片上发音影片《雨过天晴》。1949年前，中国的电影业基本集中于上海。

上海也是中国著名的近现代绘画文化基地，特别是20世纪30年代，以上海为中心的现代主义艺术呈现国际化和大众化，绘画及其他视觉艺术形态丰富，上海与巴黎、纽约、东京等城市，形成了文化传播互动交流的局面。

## 二、上海市旅游资源

上海有国家5A级景区（点）4处，即浦东新区东方明珠广播电视塔、浦东新区上海野生动物园、浦东新区上海科技馆、上海市中共一大、二大、四大会址纪念馆景区；国家级旅游度假区2处，即上海佘山国家旅游度假区，上海国际旅游度假区。

### （一）豫园

豫园（图3-1-1）位于上海市老城厢的东北部，西南与上海老城隍庙毗邻，是具有明清两代园林建筑风格的江南名园之一，占地4.67公顷。因地处人口稠密的闹市区，故有"城市山林"的美誉。

豫园始建于明嘉靖至万历年间，至今已有 400 多年历史。园主潘允端曾任四川布政使，为供其父亲养老，建成了豫园。"豫"有"平安""安泰"之意，取名"豫园"，有"愉悦双亲"的意思。豫园由明代造园名家张南阳设计，并亲自参与施工。古人称赞豫园"奇秀甲于东南""东南名园冠"。

图 3-1-1 豫园

### （二）外滩和南京路步行街

外滩（图 3-1-2）位于上海市中心黄浦区的黄浦江畔，即外黄浦滩，自 1844 年（清道光二十四年）起这一带被划为英国租界，成为上海十里洋场的真实写照。外滩南起延安东路，北至外白渡桥，在这段 1.5 千米长的外滩西侧，矗立着 52 幢风格迥异的古典复兴大楼，素有"近代世界建筑博览会"之称。

图 3-1-2 外滩

### （三）东方明珠广播电视塔（5A 级景区）

东方明珠广播电视塔（图 3-1-3）是上海市的标志性建筑，位于中国上海市浦东新区黄浦江畔、陆家嘴尖端，建成于 1994 年 10 月 1 日，塔高 468 米。电视塔巧妙地融合了宇宙空间、飞船火箭和原子结构的形象，创造了"大珠小珠落玉盘"的意境，体现了现代科技与东方文化的完美统一，现已成为上海市一个集游

图 3-1-3 东方明珠广播电视塔

览观光、文化娱乐、餐饮购物于一体的现代化旅游活动场所。

### （四）上海迪士尼乐园

上海迪士尼乐园（图3-1-4），是中国内地首座迪士尼主题乐园，位于上海市浦东新区川沙新镇，于2016年6月16日正式开园。它是中国第二个、亚洲第三个、世界第六个迪士尼主题公园。

图3-1-4  上海迪士尼乐园

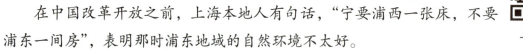

中国共产党第一次全国代表大会会址（简称：中共一大会址）是中国共产党的诞生地，是一幢典型的石库门建筑，地处上海法租界望志路106号（今兴业路76号）。1921年7月23—30日，中国共产党第一次全国代表大会在此举行。1952年，中共一大会址修复，建立纪念馆并对外开放。中共一大纪念馆是国家一级博物馆、全国爱国主义教育示范基地、全国廉政教育基地、国家国防教育基地。中国共产党一经诞生，就把为中国人民谋幸福、为中华民族谋复兴确立为自己的初心使命。这里是中国共产党梦想起航的地方，也是中国共产党人的精神家园。

**佳文导读  "析"美做实践**

各位游客朋友，大家好！今天我来领着大家参观上海东方明珠风景区。希望大家有一个开心的旅程。

上海东方明珠

在中国改革开放之前，上海本地人有句话，"宁要浦西一张床，不要浦东一间房"，表明那时浦东地域的自然环境不太好。

而短短几十年间，这里发生了惊天动地的转变，陆家嘴金融贸易区是我国改革开放至今唯一一个以金融贸易命名的经济开发区，上海东方明珠风景区就位于区中，在上海外滩的关键地区。东方明珠旅游景区上倚杨浦大桥，下靠南浦大桥，拥有"双龙戏珠"的美名。优异的地形地貌和智能化的道路网给旅游景区增添了无尽的活力与魅力。

上海东方明珠电视塔全高468米，是现今亚洲第二、全球第四的高楼。上海东方明珠广播电视塔的设计师富于想象地将11个大小不一、高低错落的圆球从湛蓝的上空串连到如茵的翠绿色草坪上，2个极大圆球犹如2颗绿宝石，晶莹绚丽，与塔下全球一流的上海市会议中心的两个地球圆球，组成了充满"大珠小珠落玉盘"诗情画意的壮美景观。

上海东方明珠广播电视塔由三根直径为9米的擎天立柱、太空、上圆球、下圆球、五个小圆球、塔座和城市广场组成。可载50人的两层电梯轿厢和每秒7米的高速电梯为现阶段中国所仅有。立体式照明灯具系统五彩缤纷、光彩夺目。绚丽多彩的上圆球旅游观光层直径45米，高263米，是俯瞰上海滩的最佳场地。当阳光明媚时，极目远眺，佘山、上海崇明岛都若隐若现，让人神清气爽。

好，东方明珠风景区就给各位介绍到这里，大家可以细细地感受上海浦东的风情。

## 实训演练 →

### 一、实训要求

小张通过系统学习，已经储备了相关知识，掌握了上海市的代表性文旅资源，即将接待一个从重庆市来上海东方明珠广播电视塔游览的中学研学团。请帮小张准备一篇上海东方明珠广播电视塔导游词并进行模拟讲解。

### 二、实施步骤

1.根据本节课所学内容对上海概况进行总结，并搜集上海东方明珠广播电视塔建造特点等背景素材，进行资料梳理和整合。

2.讲解前，做好仪容仪表、音量语速、手势走位等方面的准备。

3.请与小组成员分享你所写的导游词，并以小组为单位进行讲解展示，小组成员用评价表格进行点评，评出本组最优秀的讲解员。

## 学习情境二　水韵江苏 —— 江苏省

江苏省位于中国大陆东部沿海，地跨长江、淮河南北，京杭大运河从中穿过，拥有楚汉文化、淮扬文化、金陵文化、吴文化四大多元文化，是中国古代文明的发祥地之一。江苏简称"苏"，取江宁、苏州二府之首字而得名，省会南京。

## 情境导入

　　小赵是南京博物院的一名讲解员，接待的旅游团种类很多，在讲解过程中发现除了现有讲解词之外，还需要对江苏省的概况有一个全面的掌握。于是，小赵在练习导游词的同时开始着手整理江苏省的基本知识。你可以帮小赵做好讲解服务的准备工作吗？

# 知识储备1 "习"美知天下

 一、江苏省基本概况

## （一）地理与气候

### 1. 地理位置

　　江苏省地处中国大陆东部沿海地区中部，长江、淮河下游，东濒黄海，北接山东，西连安徽，东南与上海、浙江接壤。江苏省总面积 10.72 万平方千米。

### 2. 气候特点

　　江苏省气候温暖湿润，四季分明，淮河以北属暖温带气候，其他属亚热带湿润季风气候，夏季全省气温普遍较高，冬季长江以北地区气温较低，每年春、秋两季是最佳的旅游季节。

## （二）区划与交通

### 1. 人口区划

　　截至 2022 年年末，江苏省常住人口为 8 515 万人。江苏省辖 13 个地级市，分别是南京市、苏州市、无锡市、常州市、镇江市、扬州市、泰州市、南通市、徐州市、淮安市、宿迁市、连云港市、盐城市，55 个市辖区、21 个县级市、20 个县。其中南京市为副省级城市。

### 2. 交通情况

　　江苏省已形成"五纵九横五联"的高速公路网。江苏省铁路交通发达，现已覆盖全省，京沪铁路、陇海铁路两条铁路干线经过境内。江苏省水路交通发达，目前已形成以长江、京杭大运河为骨干和江河湖泊相连的水运网，连云港港是我国的重要海港，亦是欧亚大陆桥的"东桥头堡"，是第二亚欧大陆桥的东起点，终点在荷兰鹿特丹港。江苏省最大的航空港为南京航空港，南京现拥有南京禄口国际机场和马鞍国际机场。

## 二、江苏省历史沿革

江苏省是我国人类较早活动的地区之一，1993 年发现的南京汤山直立猿人化石表明，早在 35 万年前就有古人类在此活动。商代末年，泰伯、仲雍兄弟迁到江南，建立勾吴国。春秋时期，吴国青铜器制造技术闻名遐迩，吴国成为"春秋五霸"之一。秦末，项羽、刘邦举兵反秦。刘邦统一天下建立汉朝，刘邦之侄刘濞被封为吴王后，定都广陵（今扬州），统辖东南 3 郡 53 城。东吴、东晋和南朝的宋、齐、梁、陈，先后在今南京建都立国，江苏地区成为南方的政治、经济、文化中心。隋唐时期开凿大运河，江苏地区城镇因河而盛，扬州成为南北交通、经济、文化的枢纽，有"扬一益二"之称。唐代"安史之乱"后，全国经济重心南移，形成"军国大计，仰于江淮"的局面。两宋时期，江苏地区成为全国著名粮仓，南宋有"苏常熟，天下足"的民谚。元代，太湖流域成为全国的植棉中心和棉织业中心。明初建都南京，南京再次成为全国政治、文化中心。苏州、南京和浙江杭州并称全国丝织业三大中心。清代，江苏地区粮、盐产量雄居全国之首，扬州成为淮盐运销中心，无锡成为全国四大米市之一。1949 年 4 月 23 日，中国人民解放军占领南京，标志着中国革命取得决定性胜利。

## 知识储备 2　"赏"美增见识

### 一、江苏省民族民俗

江苏省是少数民族散居省份，有 55 个少数民族，绝大部分人口为汉族。

江苏民俗风情南北特色不同，风情与韵味各异。苏北人重农事，安土重迁，纯朴可爱；苏南人重工商，缫丝织布，心灵手巧。饮食民俗方面，苏南入口味偏甜，嗜品茶；苏北人口味偏辛辣，好饮酒。

江苏省太仓七夕节、金坛柚山放灯节、宜兴观蝶节等形式独特的民俗活动被列入省级非物质文化遗产名录。江苏省目前列入省级非物质文化遗产名录的庙会有南京地区祠山庙会、妈祖庙会、薛城花台会等。

### 二、江苏省风物特产

江苏太湖盛产的银鱼、梅鲚和白虾并称为"太湖三宝"；南京板鸭已有 500 多年的历史，肉质细嫩，紧密如板；镇江香醋，色浓味鲜；阳澄湖大闸蟹，肉细味甜；连云港东方对虾壳薄色青。我国"三大名锦"，江苏占其二，分别是南京云锦和苏州宋锦。扬州漆器、宜兴紫砂、苏州刺绣、苏州缂丝、苏州桃花坞木版年画、常州梳篦、扬州剪纸、南京剪纸、金坛刻纸、徐州剪纸、苏州玉雕、无锡留青竹刻、常州留青竹刻、惠山泥人等，都具有浓郁的江苏传统文化特色。

江苏菜特色菜有金陵盐水鸭、清炖蟹粉狮子头、三套鸭、大煮干丝、松鼠鳜鱼、叫花鸡等；特色小吃有奥灶面、富春点心、蟹黄汤包、常州大麻糕、黄桥烧饼、苏式月饼、鱼汤小刀面等。

## 知识储备 3　"述"美展自信

### 一、江苏省文化艺术

#### （一）金陵文化

金陵文化是以今南京为中心，辐射周边地区所形成的文化圈，是中华汉文明的重要组成部分。如今也泛指金陵独特的古今物质文明和精神文明。因为南京在历史上长期是中国南方政治文教中心，衣冠南渡中的中原主流文化与南方文化融合的基础上形成金陵文化，其显性特征便是南北交汇、兼容并蓄、开放包容。金陵文化以南京官话与吴语的并存互融为语言文化特征。在地域上，金陵文化本源具有明显的吴文化特征，吸纳吴越文化的细腻市井；从历史上看，中国三次衣冠南渡使南北方文化交融，金陵文化也吸纳了中原主流文化的粗犷秩序，形成独树一帜的文化区域。

#### （二）文化曲艺

有"南方夫子""文开吴会"之誉的言偃，汉赋开山鼻祖枚乘，东晋"画绝"顾恺之，唐代"草圣"张旭，在中国文化史上占有重要地位；汉墓、汉兵马俑和汉画像石刻"三绝"，"百戏之祖"昆曲，苏州香山帮传统建筑营造技艺，南京云锦，扬州漆器，宜兴紫砂，都是享誉中外的文化作品和历史遗产。江苏素有"二胡之乡"的美誉，"江南丝竹"是最富代表性的民间音乐，二胡演奏曲《二泉映月》是其中代表作。古琴艺术在全国具有突出地位，先后形成常熟虞山琴派、扬州广陵琴派、南京金陵琴派等重要的地方性音乐流派。江苏戏曲艺术传统深厚，品种繁多，名家迭出。昆曲是中国最古老的剧种之一，被誉为"百戏之祖"。

## 二、江苏省旅游资源

江苏省拥有4处世界遗产，分别是苏州古典园林、大运河（江苏段）、明清皇家陵寝（南京明孝陵）、中国黄（渤）海候鸟栖息地（第一期）；拥有国家5A级景区25处，包括南京市钟山—中山陵园风景区、中央电视台无锡影视基地三国水浒景区、江苏市周庄古镇景区等。

### （一）苏州园林（世界文化遗产，5A景区）

苏州市园林数量之多、造园之早、建筑之精、艺术境界之深，为世界各国之冠。

#### 1. 拙政园

拙政园（图3-2-1）位于苏州市娄门内东北街，全园面积约5.2公顷，是苏州最具有代表性、最大的名园，堪称苏州园林之冠。拙政园是明代园林的代表。拙政园初为唐代诗人陆龟蒙的住宅，明正德年间御史王献臣改建成宅园，改名"拙政园"，1860—1863年曾为太平天国忠王府的一部分。

图3-2-1　拙政园

#### 2. 留园

留园（图3-2-2）位于苏州西郊阊门外，是苏州四大名园之一，始建于明嘉靖年间，清嘉庆三年（1798年）在东园旧址建寒碧山庄，因园主姓刘故名刘园，因刘与留同音，后习称留园。

全园面积约3.3公顷，园内曾有著名的"留园三峰"，即冠云峰、岫云峰、瑞云峰，其中冠云峰高约6.5米，是北宋花石纲遗物，为江南最大的湖石。

图3-2-2　留园

### （二）中山陵（5A级景区）

中山陵（图3-2-3）是伟大的民主革命先行者孙中山先生的陵墓，位于城东紫金山南麓，于1926年3月奠基，1929年春竣工。陵墓呈巨大的钟形，表示唤起民众之意。从广场地面到墓室的中轴线上，共有大小10个平台，总建筑面积6 700平方米。大门入口处的牌坊

图3-2-3　中山陵

横额有孙中山手书镏金大字"博爱"，石牌坊后面陵门的额上镌刻着孙中山手书"天下为公"。中山陵是南京最负盛名的旅游胜地。

### （三）明孝陵（世界文化遗产；5A景区）

明孝陵（图3-2-4）位于江苏省南京市玄武区紫金山南麓独龙阜玩珠峰下，是明太祖朱元璋与其皇后的合葬陵寝。因皇后马氏谥号"孝慈高皇后"，又因奉行孝治天下，故名"孝陵"。其占地面积达170余万平方米，是中国规模最大的帝王陵寝之一。

明孝陵规模宏大，格局严谨。孝陵建筑自下马坊至宝城，纵深2.62千米，陵寝主体建筑当年建有红墙围绕，周长2.25千米。有"明清皇家第一陵"的美誉。

图 3-2-4 明孝陵

### （四）周庄古镇（5A级景区）

周庄（图3-2-5）位于苏州城东南，昆山的西南部，总面积38.96万平方米。北宋元祐元年（1086年）因邑人周迪功先生信奉佛教，将庄田200亩捐赠给全福寺作为庙产，百姓感恩其恩德，将这片田地命名为"周庄"。

图 3-2-5 周庄古镇

## 素养导读 "品"美入我心 》》

中国园林是大自然的缩影，园林景色体现中国山水诗画的意境和情调，追求诗情画意是中国园林艺术的基本美学思想。中国古典园林绝非一般地利用或者简单地模仿自然风景构景要素的原始状态，一是总体布局、组合要符合自然界山水生成的客观规律；二是每个山水景象要素的形象组合要合乎自然规律；空间的设计和处理要突破园林原本的有限空间的局限性，使之融于自然，表现自然。处理好园林中景与情、形与神、意与境、实与虚、动与静、因与借、有限与无限等种种关系，把园内空间与自然空间融合扩展开来；中国古典园林的创作运用将诗画艺术体现于园林艺术之中。而优秀的园林作品，则无异于凝固的音乐、无声的诗歌、立体的画卷。

## 佳文导读　"析"美做实践 》》

江苏苏州园林

游客朋友们，大家好！很高兴和您相识在古城苏州。我是您此次苏州园林之行的导游员。今天我们要参观的是被誉为"中国园林之母"的拙政园。这里即有江南水乡、小桥流水的诗韵，又有湖光山色、烟波浩渺的气势，是典型的南方文人写意园，1997 年被列入世界文化遗产名录。

拙政园始建于明正德四年（1509 年），王献臣是这园子的第一位主人，因为晚年仕途不得意，罢官归田，买地造园，借用《闲居赋》的"拙者之为政"，自我解嘲，将这座园林命名为拙政园。它经历了 500 年的沧桑，是江南地区风云变幻、治乱嬗变、文采风流的一个大户人家的缩影。我们看全园分东、中、西三部分，整个造园山水并重，错落有致、近乎自然，是苏州园林中布局最为精巧的一座。

现在，就请大家跟我走进拙政园，去品味它在"咫尺山林"中的湖光山色吧。

一路美景相伴，走过以田园风光为主的东部花园，现在我们来到的便是中花园了，这里花木繁茂、山水秀丽、楼榭典雅，是拙政园的精华所在。总体布局以水为中心，亭台均临水而建，造型古朴，极具江南水乡的韵味。

您看这座亭子，名叫"悟竹幽居"，俗称"月到风来亭"。它位于中花园的最东边，以往大家所见的都是园亭，而它则是方亭。这四个大大的圆形门洞，是不是让您马上联想到八月十五的月亮呢？站在其中向外看，犹如四个巨大的镜框，镶嵌着苏州园林一年四季的好风光：东面梅花怒，南面梧桐秋雨，西面嫩荷吐尖，北面青竹石笋。亭内还有一题联："爽借清风明借月，动观流水静观山。"是不是让您有清风徐徐、皓月当空、近看流水、远望群山的感受呢？

越过小溪，踏上台阶，就来到了"雪香云蔚亭"。它是园林中部的制高点。与远香堂遥遥相望，我们来到湖中的岛屿，看到"荷风四面亭"。这里啊，还有一副很有趣的楹联，"四壁荷花三面柳，半潭秋水一房山。"它在描绘此处美景的同时，还巧妙地点出了四季的景象：真可谓春柳轻，夏荷艳，秋水明，冬山静。

昔人已乘黄鹤去，此地空余百景园。朋友们，今天的游程就要接近尾声了，我们透过一面面古典之窗，看到"雨惊诗梦来蕉叶"的美景，跨过一道道岁月之门，感受到"风载书声现藕花"的意境，期待下次我们能在这美如画卷的江南园林中再相逢！游客朋友们，再见！

## 实训演练 →

### 一、实训要求

小赵通过系统学习，已经储备了相关知识，掌握了江苏省的代表性文旅资源。他即将接待一个从辽宁省来苏州园林旅游的养生团。请帮小赵准备一篇苏州园林（拙政园）导游词并进行模拟讲解。

### 二、实施步骤

1. 根据本节课所学内容对江苏概况进行总结，并搜集拙政园相关历史文化、园林建筑特点等背景素材，进行资料梳理和整合。

2. 讲解前，做好仪容仪表、音量语速、手势走位等方面的准备。

3. 请与小组成员分享你所写的导游词，并以小组为单位进行讲解展示，小组成员用评价表格进行点评，评出本组最优秀的讲解员。

## 学习情境三　诗画江南 —— 浙江省

浙江省地处中国东南沿海长江三角洲南翼，东临东海，南接福建，西与江西、安徽相连，北与上海、江苏接壤。浙江省素有"鱼米之乡""丝茶之府""文物之邦"之称。境内最大的河流钱塘江，因江流曲折，称"之江"，又称"浙江"，省以江名，简称"浙"，省会杭州。

小刘是杭州旅行社的一名实习导游。他在旅行社实习期间，发现不同类型的旅游团对旅游的要求不尽相同，很多旅游者除了对所游览的景点有兴趣之外，还希望对旅游目的地有更深入的了解。你可以帮小刘做好讲解服务的准备工作吗？

# 知识储备1 "习"美知天下

## 一、浙江省基本概况

### （一）地理与气候

#### 1.地理位置

浙江省东临东海，南接福建，西与江西、安徽相连，北与上海、江苏接壤。陆域面积10.18万平方千米。

#### 2.气候特点

浙江省气候特点是冬夏季风交替显著，气温适中，四季分明；光照充足，热量丰富；雨量充沛，空气湿润。

### （二）区划与交通

#### 1.人口区划

截至2022年年末，浙江省常住人口为6 577万人。浙江省下辖11个地级行政区，分别是杭州市、宁波市、温州市、嘉兴市、湖州市、绍兴市、金华市、衢州市、舟山市、台州市、丽水市。其中，包括有杭州市、宁波市2个副省级城市，9个地级市。

#### 2.交通情况

浙江省陆路交通方面，以杭州、宁波、温州、金华等地为中心，已开通甬台温铁路、温福铁路、宁杭客运专线、杭甬客运专线等。全省公路交通便捷，杭州湾跨海大桥是一座横跨杭州湾海疆的跨海大桥。水运方面，宁波、上海、舟山群岛之间每天都有多班客轮来回，形成了中国最为繁忙的海上客运"金三角"。2022年，宁波舟山港完成年货物吞吐量超12.5亿吨，连续14年位居全球第一。航空方面，全省有杭州、宁渡、温州、义乌、黄岩、衢州、舟山7个民用机场。

## 二、浙江省历史沿革

1963年在建德市乌龟洞发觉的5万年前的"建德人"化石，是迄今为止发觉的浙江省最早的古人类化石。距今5 000年的良渚古城外围水利系统是迄今所知中国最早的大型水利工程，也是世界最早的水坝。浙江春秋时分属吴、越两国，战国时属楚；秦时分属会稽郡、鄣郡、闽中郡；汉时属扬州刺史部；三国时入东吴版图，仍属扬州；唐朝时先属江南道，后属江南东道，又分置浙江东道、浙江西道两节度使，"浙江"作为行政区名称自此始；五代十国时临安人钱镠建立吴越国，属江南道；北宋时属两浙路；南宋建都临安（即今杭州），分置两浙西路和两浙东路；明代设置浙江行中书省，简称"浙江省"，省名自此出现，后改为浙江承宣布政使司，省界区域基本定型；清康熙初年改为浙江省，沿袭至今。

## 知识储备2 "赏"美增见识

### 一、浙江省民族民俗

浙江丽水设有全国唯一的畲族自治地区——景宁畲族自治县，是华东地区唯一的民族自治区域。畲族是浙江人口最多的少数民族，至今仍保留着其独特的民俗风情。

畲族多为明朝初年从福建迁来，畲民自称"山哈"，意为山里的客人。畲族人崇拜祖先，重视祭祖。浙江省的节日民俗有绍兴祝福、海宁市硖石灯会、泰顺百家宴、缙云祭祀黄帝大典、萧山祭星乞巧、武义接仙女、西湖赏月、开化苏庄舞草龙、永康方岩庙会等。浙江省的游艺民俗有海宁观潮、金华斗牛、磐安赶茶场、浦江迎会等。

### 二、浙江省风物特产

浙江名茶众多，有西湖龙井、径山香茗、普陀佛茶、开化龙顶茶、景宁惠明茶等十大名茶。西湖龙井茶素以"色绿、香郁、味甘、形美"四绝著称。名酒以黄酒为最，其中绍兴的加饭酒与女儿红为酒中珍品。中药以"浙八味"驰名中外，包括杭白菊、浙贝、白术、白芍、元胡、玄参、麦冬、郁金八味中药材。工艺品以"浙江三雕一塑"著称，即东阳木雕、乐清黄杨木雕、青田石雕和瓯塑。

浙菜历史悠久。浙菜主要由杭帮菜、宁波菜、绍兴菜、温州菜和金华菜等地方菜组成。嘉兴的五芳斋粽子号称"江南粽子大王"，因口味多样、滋味鲜美、携带方便而备受广大游客喜爱。

# 知识储备3 "述"美展自信

## 一、浙江省文化艺术

### （一）浙商文化

浙商文化是在特定的地理环境、人文传统和社会历史背景下形成和发展起来的。首先，靠海的地理位置和绵长的海岸线，孕育了浙江人扩张的海洋文化性格和善于经商的禀赋。其次，自然资源的匮乏和人多地少的窘境，形成了浙江人经商务工和商游四海的谋生传统。再次，先天不足的资源条件和人口密集的生存压力，造就了浙江人的自强意识和拼搏精神。浙江是中华民族的发祥地之一，文化历史源远流长。长期的生产实践和社会实践，形成了浙江特有的文化传统，涌现出一大批学者、大师。他们的价值观念和行为取向，给浙商文化的产生奠定了深层次的文化精神底蕴。"义利并重"的价值观念和"工商皆本"的文化传统，是构成浙商文化的基本因子。商业发达的文化积淀和西方商业文明的熏陶，是浙商文化形成的源流。

### （二）文学戏曲

浙江文学是中国文学的重要组成部分。谢灵运开创了中国古代山水诗派，对后世影响深远。南宋时期，陆游的作品不仅量大而且质优，存诗9 300多首，是文学史上存诗最多的诗人。1918年5月鲁迅在《新青年》上发表《狂人日记》，开创了现代小说的先河。郁达夫的《沉沦》是中国现代文学史上的第一本白话短篇集。1922年在杭州成立的湖畔诗社是我国第一个新诗社；徐志摩、戴望舒等都是中国新诗的重要诗人。浙江是"中国戏曲的摇篮"，人才辈出，高则诚、徐渭、王骥德、李渔等一批出色的浙江籍剧作家、戏曲理论家彪炳史册。越剧在戏曲百花园中一枝独秀，绍兴莲花落、金华道情、宁波走书、温州鼓词并称为"浙江四大曲种"。

## 二、浙江省旅游资源

浙江省有4处世界遗产，包括西湖、江郎山、大运河（杭州段）、良渚古城遗址公园；国家5A级旅游景区20处，即西湖风景区、雁荡山风景区、普陀山风景区、千岛湖风景区、乌镇古镇旅游区、溪口—滕头旅游景区、横店影视城景区、嘉兴南湖旅游区、西溪湿地旅游区、鲁迅故里—沈园景区、开化根宫佛国文化旅游区、南浔古镇景区、天台山景区、神仙居景区、西塘古镇旅游景区、江郎山—廿八都旅游区等；国家级旅游度假区8处。

## （一）西湖（世界文化景观遗产，5A级景区）

图 3-3-1　西湖

西湖（图3-3-1），位于浙江省杭州市西部，西湖三面环山，面积约6.39平方千米，东西宽约2.8千米，南北长约3.2千米，绕湖一周近15千米。湖中被孤山、白堤、苏堤、杨公堤分隔成五片水面，苏堤、白堤越过湖面，小瀛洲、湖心亭、阮公墩三个人工小岛鼎立于外西湖湖心，夕照山的雷峰塔与宝石山的保俶塔隔湖相映，由此形成了"一山、二塔、三岛、三堤、五湖"的基本格局。

## （二）千岛湖（5A级景区）

图 3-3-2　千岛湖

千岛湖（新安江水库，图3-3-2），位于浙江省杭州市淳安县境内，是我国第一座自行设计、自制设备的大型水力发电站——新安江水电站拦蓄新安江下游而成的人工湖。1955年始建，1960年建成。千岛湖景区总面积982平方千米，其中湖区面积573平方千米，因湖内拥有星罗棋布的1 087个岛屿而得名。

## （三）雁荡山（5A级景区）

图 3-3-3　雁荡山

雁荡山（图3-3-3），位于浙江省温州市乐清市境内，形成于1.2亿年以前，是环太平洋大陆边缘火山带中一座最具完整性、典型性的白垩纪流纹质古火山，历经的四期火山喷发造化了雁荡山雄奇壮丽的景观。雁荡山面积841公顷，因"山顶有湖，芦苇丛生，秋雁宿之"而得名。其中灵峰、灵岩、大龙湫精华荟萃，被称为"雁荡三绝"。

### （四）良渚古城遗址公园（世界文化遗产）

良渚古城（见图3-3-4），位于杭州城北余杭区境内，是迄今所知中国最早的大型水利工程，也是世界最早的水坝。2019年7月6日，中国良渚古城遗址被列入世界遗产名录，填补了世界遗产名录中东亚地区新石器时代城市考古遗址的空缺，为中华五千年文明史提供了有力的实证。

图 3-3-4　良渚古城

## 素养导读　"品"美入我心　≫

"江南好，风景旧曾谙。日出江花红胜火，春来江水绿如蓝。能不忆江南？"浙江的山川景观之秀美壮观，放眼全国也是首屈一指的：雁荡峻拔，楠溪清澈，普陀仙幻，富春蕴秀；更有钱塘江大潮壮绝天下尽显自然气魄，千岛竞秀巧夺天工展现创造伟力，诸葛古村传承武侯千年文脉，兰亭胜迹续写书圣百世风流；以南浔、乌镇、西塘等为代表的浙江千年古镇如明珠点缀运河两岸，至今生生不息，熠熠生辉……人们为之倾倒的何止是这山山水水的自然景观，更醉心探寻的是其中代代相袭、历久弥新的文化底蕴与传统。如果说，千年等一回的白蛇传奇、化蝶比翼的梁祝故事显示的是江南水乡的至柔之美，那么"卧薪尝胆"的故事，"东山再起"之美激扬的就是浙江人坚韧不拔、百折不挠之精神。

## 佳文导读　"析"美做实践　≫

浙江省杭州西湖

亲爱的游客们，今天我们即将游览的地方是——西湖。

"水光潋滟晴方好，山色空蒙雨亦奇。欲把西湖比西子，淡妆浓抹总相宜。"这首诗出自宋代诗人苏轼的《饮湖上初晴后雨》，诗人以西施之美比喻西湖之美，展现了西湖的独特魅力。唐朝大诗人白居易作诗"未能抛得杭州去,一半勾留是此湖。"说明他之所以舍不得离开杭州,其主要原因就是杭州有一个美丽迷人的西湖。天下西湖三十六,其中最好是杭州啊!

杭州西湖位于浙江省杭州市西部,杭州市市中心,旧称武林水、钱塘湖、西子湖,宋代始称西湖。西湖南北长约3.2千米,东西宽约2.8千米,绕湖一周近15千米。苏堤和白堤将湖面分成外湖、北里湖、西里湖、岳湖和小南湖五个部分。

西湖之美,美在西湖之水。

西湖之水是碧绿的,也许是周围环绕着层层叠叠的苍翠欲滴的树木的缘故吧,使得这水那么绿,仿佛春姑娘就住在湖底,摇动的水草呈现出翠绿颜色,闪亮闪亮的,太阳光一照,便活跃起来了,像一群舞者穿着闪亮的裙子在跳舞。

西湖之水是平静的,像一面光滑的大镜子,静静地照耀着,点点微风吹过,泛起一层层微波,很快倏地一下又不见了,让人猜不着,看不透,这种意境,清静幽深。

西湖之水是醉人的,它的绿、它的静将你紧紧包围,使你忘记烦恼,你会发现,自然的魅力是多么伟大。

游客朋友们!杭州西湖之旅到此结束,祝大家玩得愉快,希望您能把游览西湖的美景、快乐带回去和家人一起分享。

## 实训演练 →

### 一、实训要求

小刘通过系统学习,已经储备了相关知识,掌握了浙江省的代表性文旅资源,他即将接待一个从江西省来杭州旅游的情侣团,请帮小刘准备一篇西湖导游词并进行模拟讲解。

### 二、实施步骤

1. 根据本节课所学内容对浙江概况进行总结,并搜集西湖相关历史文化、名人轶事等背景素材,进行资料梳理和整合。

2. 讲解前,做好仪容仪表、音量语速、手势走位等方面的准备。

3. 请与小组成员分享你所写的导游词,并以小组为单位进行讲解展示,小组成员用评价表格进行点评,评出本组最优秀的讲解员。

## 学习情境四　迎客天下 —— 安徽省

安徽，简称皖，始建于清康熙六年（1667 年），省名以当时安庆、徽州两府的首字组成。因境内有皖山、春秋时期有古皖国而简称"皖"。1952 年，经中央人民政府批准，合肥成为安徽省省会。

### 情境导入

　　小马是黄山旅行社的一名实习导游。在一次带团过程中她发现游客在参观游览途中对旅游目的地的基本概况会提出一些问题。为了使游客们对目的地有更加全面的了解。她除了准备景点导游词之外，还需要对安徽省的概况有更深入的把握。你可以帮助小马做好讲解服务的准备工作吗？

## 知识储备1　"习"美知天下

### 一、安徽省基本概况

#### （一）地理与气候

**1. 地理位置**

安徽省位于华东腹地，居中靠东、沿江通海，东连江苏、浙江，西接湖北、河南，南邻江西，北靠山东，总面积 14.01 万平方千米。

**2. 气候特点**

安徽主要气候特征是气候温顺，日照充足，季风明显，四季分明。

#### （二）区划与交通

**1. 人口区划**

2022 年年末安徽省常住人口为 6 127 万人。安徽下辖 16 个地级市，分别是合肥市、淮北市、亳州市、宿州市、蚌埠市、阜阳市、淮南市、滁州市、六安市、马鞍山市、芜湖

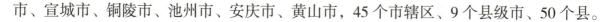

市、宣城市、铜陵市、池州市、安庆市、黄山市，45 个市辖区、9 个县级市、50 个县。

**2. 交通情况**

安徽已形成快速畅通的公路、铁路、航空、水运交通网络。安徽现有合肥、黄山、阜阳、池州等 6 个民用运输机场，形成以合肥新桥机场为中心的"一枢五支"民航机场发展格局。安徽水运条件优越。2021 年，耿楼复线船闸、水阳江航道建成投运，引江济淮航运工程、淮河、涡河等干支流航道整治工程加快推进。

## 二、安徽省历史沿革

安徽省是中国史前文明的重要发祥地之一。在芜湖市繁昌县人字洞发觉了距今约 250 万年的人类活动遗址；秦朝实行郡县制，安徽境内淮北地区属砀郡、泗水郡，江淮之间属九江郡，皖南属鄣郡；两汉时期，安徽地属扬、徐、豫三州；三国时期，安徽分属吴、魏，境内曾发生多次战争；两晋、南北朝和隋朝，安徽分属扬、徐、豫三州；宋时，徽商崛起，徽州的经济和文化开始对全国产生重要影响；明时，安徽由南京直接管辖；清朝，安徽建省时，辖安庆、徽州、宁国、池州、太平、庐州、凤阳等 7 个府及滁州、和州、广德等 3 个直隶州，疆域格局基本定型，安庆府作为临时省会的地位已经确立；民国初期，安徽省分为芜湖、安庆、淮泗三道。

# 知识储备 2 "赏"美增见识

## 一、安徽省民族民俗

安徽省是少数民族聚居省份，回族、满族、畲族为安徽的世居少数民族。少数民族在全省呈"大分散、小聚居"状分布，沿淮淮北多且相对集中，沿江江南少而分散。

安徽满族主要分布在肥东一带，以"完颜"为姓，自明朝初期就生活在这里。安徽畲族主要分布在宁国市，畲族口头文学丰富，有长篇叙事诗、小说歌、杂歌等。畲族"有物必有歌"，内容包罗万象，以杂歌最多。

## 二、安徽省风物特产

宣笔、宣纸、徽墨、歙砚被称为安徽的"文房四宝"。安徽省土特产品包括黄山毛峰、祁门红茶、六安瓜片、太平猴魁、古井贡酒、砀山酥梨、萧县葡萄、怀远石榴、广德板栗、巢湖银鱼、胡玉美蚕豆辣酱等。

徽菜为中国八大菜系之一，起源于歙县，绩溪的徽帮厨师将其发扬光大。徽菜在烹调方法上擅长烧、炖、蒸。烧菜讲究软糯可口，味美隽永；炖菜讲究汤醇味鲜，熟透酥嫩；蒸菜着重原汁原味，爽口宜人。徽菜代表名菜有问政山笋、臭鳜鱼、清蒸石鸡、毛豆腐、一品锅等。

## 知识储备 3　"述"美展自信

### 一、安徽省文化艺术

#### （一）徽商文化

安徽的商帮文化一向发达。徽商，是指以乡族关系为纽带所结成的徽州商人群体，又称"新安商人""徽州商人"或"徽帮"。徽州人经商的历史非常悠久，早在东晋时期就有新安商人活动的记载，明朝成化、弘治年间，徽州商人的经济实力逐渐增强，规模日益庞大，形成徽州商帮，其商业资本之巨，从商人数之众、活动区域之广、经营行业之多、经营能力之强，都是其他商帮所无法匹敌的，其强盛势头一直持续到清朝中叶，引领中国商业发展潮流 300 余年，对当时的社会经济、政治、文化等方面产生了长远影响。徽商名人很多，其中以胡雪岩最为著名。徽商重视文化教育，经商崇尚信义，以义为利，"贾而好儒""贾儒结合"，故有"儒商"之称。

#### （二）文学曲艺

安徽在明代为徽州府，明清之际经济文化发达，因而产生徽学，新安文化由此而来。皖江文化是以潜山为中心的古皖文化，是江淮文化的发祥地。以庐州为代表的庐州文化在人类历史上产生了极其深远的影响，孕育出庐剧等优秀戏曲。

安徽被称为中国戏曲之乡，地方戏种现存 30 余种，影响较大的有黄梅戏、徽剧等。黄梅戏，旧称黄梅调或采茶戏，是中国五大戏曲剧种之一；徽剧是京剧的主要源流之一；池州的傩戏号称"戏剧活化石"；淮河两岸流行的花鼓灯被誉为"东方芭蕾"。

### 二、安徽省旅游资源

安徽省拥有世界遗产 3 处，分别是黄山，皖南古村落 —— 西递、宏村，大运河（安徽段）；拥有国家 5A 级旅游景区 12 处，分别是黄山市黄山区黄山风景区，池州市青阳县九华山风景区，安庆市潜山市天柱山风景区，黄山市黟县皖南古村落——西递、宏村，六安市金寨县天堂寨旅游景区，宣城市绩溪县龙川景区，阜阳市颍上县八里河风景区，黄山市徽州区古徽州文化旅游区，合肥市肥西县三河古镇景区，芜湖市鸠江区方特旅游区，六安市舒城县万佛湖风景区，马鞍山市长江采石矶文化生态旅游区。

### （一）黄山（世界自然与文化双重遗产，5A 级景区）

图 3-4-1　黄山

黄山（图 3-4-1），位于安徽省黄山市，原名黟山，唐朝时更名为黄山，取自"黄帝之山"之意。黄山为三山五岳中三山之一，黄山有 72 峰，素有"36 大峰，36 小峰"之称，主峰莲花峰海拔高达 1 864.8 米，与光明顶、天都峰并称三大黄山主峰，为 36 大峰之一。黄山以奇松、怪石、云海、温泉"四绝"著称于世。

### （二）皖南古村落——西递、宏村（世界文化遗产，5A 级景区）

皖南古村落——西递、宏村位于安徽省黄山市黟县，是安徽南部民居中最具有代表性的两座古村落。

西递（图 3-4-2）始建于北宋皇祐年间，发展于明朝景泰中叶，鼎盛于清朝初期，至今已有 960 余年历史。因村边有水西流，又因古有递送邮件的驿站，故而得名"西递"。

宏村始建于南宋绍熙年间，原为汪姓聚居之地，绵延至今已有 800 余年，被誉为"中国画里的乡村"。古宏村人规划、建造的牛形村落和人工水系，是当今"建筑史上一大奇观"。

图 3-4-2　西递

### （三）九华山（5A 级景区）

九华山（图 3-4-3）又名陵阳山、九子山，为中国佛教四大名山之一，位于安徽省池州市青阳县境内，素有"东南第一山"之称，因山峰奇秀，峰峦异状，远望好像并肩站立的 9 个兄弟，因而又称"九子山"。九华山全山以化城寺为中心，有大小寺院 80 余所，其中主要寺院有化城寺、东崖寺、甘露寺、百岁宫，而最具特色的是供奉金乔觉（被认为是地藏菩萨的化身，称为"金地藏"）肉身的肉身宝藏。

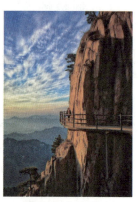

图 3-4-3 九华山

## （四）齐云山

齐云山（图3-4-4），古称白岳，因遥观山顶与云平齐得名。齐云山位于安徽省休宁县城西15千米处，海拔585米，总占地面积110平方千米。齐云山内有月华街、云岩湖、楼上楼3个景区。齐云山是安徽道教主要活动场所及著名风景游览区。

图3-4-4　齐云山

## 素养导读　"品"美入我心

　　白墙、青砖、黛瓦，皖南村落积淀了千年的文化古韵，如点点星辰，闪耀在山川大地之间；松、石、云、泉，黄山集天下名山之所长于一身，步步胜景。这两处世界遗产，是安徽的地标，也是安徽的文化象征。由此二者衍生而来的徽学，代表着自成体系的地方文化，涵盖了新安理学、徽派建筑、徽州三雕、徽派篆刻、徽派版画、徽菜、徽墨徽砚……天下最儒雅的商人莫过于徽商。前有江春，后有雪岩，奢华的生活抹不去他们文化至上的风骨。"几百年人家无非积善，第一等好事只是读书"，徽商们建宅院、造园林、筑祠堂、立牌坊，并保留至今，物质财富演变为精神标杆，大量的地面文物形成了一座天然的历史博物馆，代代相传的并非封建礼仪的重重约束，而是崇儒尚文、光宗耀祖的游子之心。

## 佳文导读　"析"美做实践

安徽省黄山

　　游客朋友们，大家好，欢迎来到黄山，俗话说"五岳归来不看山，黄山归来不看岳"。的确，黄山的风貌和景色令无数游客倾倒折服，现在，就让我带领大家去了解黄山的奇特之处，感受黄山的瑰丽吧！

　　要想真正的认识黄山，还得从"黄山四绝"说起。

　　黄山的第一绝就是诸位眼前的松树，它们被称为黄山奇松。它们的奇特之处在于与一般松树不同。由于地质、土壤和气候等条件因素，黄山松的松针比一般松树的松针短、粗，颜色是嫩绿的，看起来漂亮、舒服，枝干和松冠向平处伸展，形状如伞柄似的。再加上黄山松长在危险的悬崖峭壁之上，成为以秀丽和险峻著称的第一大奇观。

　　黄山的第二绝就是大家眼前的这些石头。黄山可谓是千奇百怪，似人似物，似鸟似兽，形态各异，看了绝对令人难忘。黄山的石头可谓是"横看成岭侧成峰，远近高低各不同"，构成一幅幅美丽的天然山石画卷。

　　黄山的第三绝是黄山云海。自古以来黄山的云成了海，黄山便是云和雾的故乡，以高大雄伟的山峰为身体，以雪白的云为衣服，其瑰丽壮观，被人们称为"云海"，"云海"以美、胜、奇、幻享誉古今，一年四季都可以观赏美景，尤以冬景最佳，如同人们在天边观赏地面的感觉。

　　最后，我们来说一说第四绝 —— 温泉。相传我们的祖先轩辕黄帝就是在黄山温泉中沐浴了七七四十九天得以返老还童，羽化飞升的。所以黄山温泉才被人们称为"灵泉"。温泉对治疗消化、神经、心血管疾病有一定的功效，希望您有时间可以带着家人们来黄山温泉好好体验一番。

　　最后祝大家在"天下第一奇山"游得尽兴，玩得愉快！

## 实训演练 →

### 一、实训要求

　　小马通过系统学习，已经储备了相关知识，掌握了安徽省的代表性文旅资源，即将接待一个从安徽省来黄山旅游的观光团。请帮小马准备一篇黄山的导游词并进行模拟讲解。

### 二、实施步骤

　　1.根据本节课所学内容对河南概况进行总结，并搜集黄山相关历史名人、诗词名句等背景素材，进行资料梳理和整合。

　　2.讲解前，做好仪容仪表、音量语速、手势走位等方面的准备。

　　3.请与小组成员分享你所写的导游词，并以小组为单位进行讲解展示，小组成员用评价表格进行点评，评出本组最优秀的讲解员。

# 学习情境五　八闽神韵 —— 福建省

福建位于中国东南沿海，是中国大陆重要的出海口，也是中国与世界交往的重要窗口。福建简称"闽"，因境内有福州、建州两府，各取其首字而得名，省会福州。

## 情境导入

　　小王是鼓浪屿旅行社的一名导游。有一次，他在接待夕阳红旅游团时，团中的游客对福建的历史产生了浓厚的兴趣，由此小王发现要想成为一名优秀的导游，除了准备景点导游词外，还需要对福建省的历史、地理、人口、气候、民俗等都有所了解。你可以帮小刘做好讲解服务的准备工作吗？

## 知识储备 1　"习"美知天下

### 一、福建省基本概况

#### （一）地理与气候

**1. 地理位置**

福建省地处中国东南部、东海之滨，东北与浙江省毗邻，西、西北与江西省接壤，西南与广东省相连，东隔台湾海峡与台湾省相望。福建陆地位于北纬 23° 33' 至 28° 20'、东经 115° 50' 至 120° 40' 之间，全省陆地面积 12.4 万平方千米，海域面积 13.6 万平方千米。

**2. 气候特点**

福建是亚热带海洋性季风气候，夏长冬短，气温较高，热量丰富，是中国雨量最丰富的省份之一，气候最热的时候，大部分地区在七月，最冷的时候沿海在二月，内陆在一月。

#### （二）区划与交通

**1. 人口区划**

截至 2023 年年末，福建省常住人口为 4 183 万人。福建省辖福州市、厦门市、漳州市、

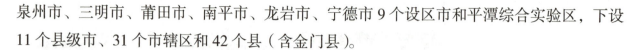

泉州市、三明市、莆田市、南平市、龙岩市、宁德市 9 个设区市和平潭综合实验区，下设 11 个县级市、31 个市辖区和 42 个县（含金门县）。

### 2.交通情况

福建铁路运营里程突破 4 000 千米，路网密度超全国平均水平的 2 倍，所有设区市实现高速铁路环线贯通，是我国首个市市通高铁的省份。高速公路里程突破 6 000 千米，综合路网密度居全国各省第三位。福建港口形成厦门港、福州港、湄洲湾港 3 个亿吨大港。福建省拥有民航机场 6 个、航线近 400 条，通达世界主要城市。

## 二、福建省历史沿革

福建社会的发展进程与中原地区相比较为缓慢。到西周时期，福建才进入青铜时代。战国末年，闽越国成立。秦始皇统一六国后，废闽越国设置闽中郡，福建从此成为一个正式的行政区域。汉高祖时闽越国复国。唐朝时期，福建属岭南道。725 年，闽州都督府改称福州都督府，隶属于江南东道，为福州名称出现之始。733 年，为加强边防武装力量，建立军事长官经略使，从福州、建州各取一字，名为福建经略军使，与福州都督府并存，这是福建名称的出现之始。宋朝推动国外贸易，泉州刺桐港成为对外贸易的港口和海上丝绸之路的起点。元朝设福建行中书省，福建设省由此开始。明朝设福建承宣告政使司，戚继光曾入闽抗倭。清军攻克福州，福建归清。郑成功领导抗清斗争。1661 年，郑成功挥师东渡，击败荷兰殖民者，光复台湾。1863 年清政府派水师攻台，郑氏战败，归附清廷。1949 年，人民解放军解放福建，福建历史打开了新篇章。

## 知识储备 2 "赏"美增见识

## 一、福建省民族民俗

福建省的民俗包括汉族、回族、畲族、高山族等，少数民族中畲族和回族人口较多。福建畲族人口占全国首位。福建省独有的民俗和节庆包括"食福""走水垵""扛酒节""拗九节""百壶宴"和北团"游大粽"、福建妈祖节、抢酒节、护鱼习俗、崇蛇习俗、延平蛙崇敬习俗等。

福建海边有惠安女、蟳蜅女和湄洲女三大渔女，其中惠安女服饰和蟳蜅女习俗被列入国家级非物质文化遗产代表项目名录。送王船是闽南人为表达对海洋的敬畏和感恩而举行的一种祭祀活动，拥有约 600 年的历史，广泛流行于中国闽南地区和马来西亚马六甲沿海地区。

## 二、福建省风物特产

福建的乌龙茶，其主要代表是安溪铁观音、武夷岩茶。武夷岩茶是中国传统名茶，产于闽北的武夷山一带，最著名的武夷岩茶是大红袍茶。福建水果有柑橘、龙眼、荔枝、橄榄、枇杷、香蕉等。福建传统手工艺有福州脱胎漆器、寿山石雕、软木画、漳州的木偶头雕刻、木版年画，莆田的留青竹刻、木雕等。

闽菜是我国八大菜系之一，代表菜包括佛跳墙、鸡汤氽海蚌、鸡茸金丝笋、淡糟香螺片、醉糟鸡、荔枝肉等；福建小吃历史悠长，品种众多，用料考究，制作精细，善用调味料，风格各异。小吃主要有：锅边糊、面线糊、肉燕、鱼丸、马蹄糕、土笋冻、蚝仔煎等。

# 知识储备 3 "述"美展自信

## 一、福建省文化艺术

### （一）闽南文化

闽南文化起源于泉州、漳州，系指生活在福建南部地区的人（主要是闽南人）共同创造并一代代传承发展与创新的地区性文化，是源远流长博大精深的中华文化的一个支系。闽南文化自秦始皇统一中国后，在福建设置闽中郡，开启了中原文化与闽南土著文化的交流与融合。汉晋时期，大批中原汉民迁入泉州地区，推动了闽南文化的形成。晋唐时期，闽南地区汉民人口剧增，经济迅速发展，政教管理体制日臻完善，闽南文化得到发展。宋元时期，泉州成为"海上丝绸之路"启航点和东方大港，阿拉伯人与波斯人到泉州经商，带动来了伊斯兰文化，闽南文化得到丰富。明清时期，欧洲商人和传教士到来，传入了西方文化，闽南文化进一步得到繁荣。

### （二）文学曲艺

福建最主要的五大剧种是闽剧、莆仙戏、梨园戏、高甲戏和芗剧。闽剧又称福州戏，是福建地方戏曲之一，是现存用福州方言演唱、念白的戏曲剧种，流行于闽中、闽东、闽北地域，并传播到我国台湾省和东南亚各地。

福建人杰地灵，人才辈出。代表人物有北宋的书法家蔡襄、著名词人柳永、天文学家苏颂；南宋理学大师朱熹、法医学鼻祖宋慈；明朝民族英雄郑成功；清朝被称为近代中国"睁眼看世界第一人"的林则徐，"船政之父"沈葆桢，"西学第一人"严复等。

## 二、福建省旅游资源

福建省拥有世界遗产5处，分别是武夷山、福建土楼、中国丹霞（福建泰宁）、鼓浪屿历史国际街区、泉州宋元中国的世界海洋商贸中心；拥有国家5A级旅游景区10处，包括鼓浪屿、武夷山、泰宁、土楼（永定、南靖）、白水洋—鸳鸯溪、清源山、太姥山、三坊七巷、古田、妈祖文化旅游区；拥有国家级旅游度假区1处，即福州市鼓岭旅游度假区。

### （一）武夷山（世界自然与文化双重遗产，5A级景区）

图 3-5-1　武夷山

武夷山（图3-5-1）位于福建省武夷山市南郊，武夷山脉北段东南麓，景区面积约70平方千米，属典型的丹霞地貌，发育典型的丹霞单面山、块状山，柱状山临水而立，千姿百态。"三三秀水清如玉，六六奇峰翠插天"，构成了奇幻百出的武夷山水之胜。武夷山素有"奇秀甲东南"之称，集道、佛、儒教于一身，是一座历史悠久的文化名山。

### （二）鼓浪屿（世界文化遗产，5A级景区）

鼓浪屿（图3-5-2）隶属于福建省厦门市，位于厦门半岛西南隅，与厦门半岛隔海相望，面积1.91平方千米，2万多人，现为思明区所辖。岛上气候宜人，四季如春，无车马喧嚣，鸟语花香，素有"海上花园"之誉；岛上收藏众多古典钢琴沁心典雅，钢琴拥有密度居全国之冠，又得美名"钢琴之岛""音乐之乡"；由于历史原因，中外风格各异的建筑物在此地被完好地汇集、保留，有"万国建筑博览"之称。

图 3-5-2　鼓浪屿

### （三）福建土楼（世界文化遗产，5A级景区）

福建土楼（图3-5-3），分布于福建和广东两省，主要有龙岩市境内的永定土楼，漳州市境内的南靖土楼、华安土楼、平和土楼、诏安土楼、云霄土楼、漳浦土楼以及泉州土楼等，总数达30 000多座，其大多数为福建客家人所建，是客家文化的象征，故又称"客家土楼"。

图 3-5-3　福建土楼

福建土楼产生于宋元，成熟于明末、清代和民国时期。被誉为"东方古城堡""世界建筑奇葩""世界上独一无二的、神话般的山区建筑模式"。

### （四）中国丹霞——福建泰宁（世界自然遗产，5A 级景区）

泰宁丹霞（图 3-5-4），位于福建省泰宁县境内，由金湖和上清溪南北两大片区组成，面积为 234.88 平方千米，其中核心区 110.87 平方千米，缓冲区 124.01 平方千米。以典型青年期丹霞地貌为主体，是集科学考察、科普教育、观光览胜、休闲度假于一体的综合性地质公园。

图 3-5-4　泰宁丹霞

## 素养导读　"品"美入我心

妈祖文化起源于福建，是中国的一种民间信仰，其所蕴含的文化精神千百年来一直为世人所推崇，其价值、功用备受重视。妈祖文化最为核心的"立德、行善、大爱"精神，可以面向全世界，推动建设人类命运共同体。妈祖文化具有激励人心的功能。妈祖文化是中国民间文化的代表，对于航海者而言具有精神激励的作用，鼓励着世人勇敢地开拓进取；妈祖文化具有促进平等的功能。妈祖文化强调和谐平等的人类社会关系，同时，妈祖文化所蕴含的人神观重视人与神之间平等相依的关系，所以在妈祖文化中就会形成妈祖与民众和谐相处的局面，以及人与人、人与社会、人与自然的平等关系。社会主义核心价值观的作用之一就是要达到人与人之间的平等，实现社会的和谐、国家的安定；妈祖文化还具有维护正义的功能。通过教育的方式让其弃恶从善，同时弘扬了慈善的精神，体现出妈祖文化对正义的态度与对公正的坚持。

福建省福建土楼

## 佳文导读　"析"美做实践

各位游客朋友们，大家好！欢迎来到闽西参观游玩。我们今天将要去参观的是世界文化遗产——福建土楼，它于 2008 年申遗成功，此次成为世界文化遗产的"福建土楼"由福建省永定、南靖、华安三县的"六群四楼"共 46 座土楼组成。今天我们要去参观游览的是被称为"永定土楼王子"的振成楼。

它的设计者林鸿超先生，是清末的秀才，对《易经》颇有研究，琴棋书画样样精通。振成楼于1912年开始建造，用了5年的时间才全部竣工，花了8万光洋，相当于我们现在的1 000多万人民币才建造而成的。

土楼客家人崇尚圆，把圆当作天体之神来崇拜，这就是永定人建造圆楼的基本理念。我们来看振成楼的外观，它的主体是圆楼，左右两边建有对称的半月形厢房，整体外观就像一顶古代官员的乌纱帽，而后面的山就像是太师椅的靠背，两面的山就是它的两个扶手，前面的山又好像是一个案台，所以整体看起来又好像是一名官员在太师椅上办案一样。

在永定两万多座土楼中，振成楼非常具有代表性，它坐北朝南，主楼按易经八卦设计，分成八卦。卦构之间设有防火墙，并设拱门，门关自成院落，门开院落相通，楼内有二层环形楼台，内环正中为中心大厅，厅前设廊，以4根近7米长的大石柱支撑。它分为内外两环，外环楼是四层的架梁式土木结构，内环楼是二层砖木结构的西洋式建筑，形成了"外土内洋、中西合璧"的独特风格。

"圆圆的土楼，圆圆的家，圆圆的山村，圆圆的画……"如果你想去一个旅游胜地，那么，你就到中国最美丽的土楼群，古镇纯朴的民风，千古依旧的土楼神韵，将伴你走过融山水、人文于一体的心旅历程……

## ▌ 实训演练 →

### 一、实训要求

小王通过系统学习，已经储备了相关知识，掌握了福建省的代表性文旅资源，即将接待一个从吉林省来福建土楼参观的大学生研学团，请帮小王准备一篇福建土楼的导游词并进行模拟讲解。

### 二、实施步骤

1.根据本节课所学内容对福建概况进行总结，并搜集福建土楼相关历史文化、名人轶事等背景素材，进行资料梳理和整合。

2.讲解前，做好仪容仪表、音量语速、手势走位等方面的准备。

3.请与小组成员分享你所写的导游词，并以小组为单位进行讲解展示，小组成员用评价表格进行点评，评出本组最优秀的讲解员。

# 学习情境六　风景独好 —— 江西省

江西省位于长江中游南岸赣江两岸，山清水秀，人文荟萃，红色文化闻名中外。江西省因公元 733 年唐玄宗设江南西道而得省名，又因省内最大河流为赣江而简称"赣"。江西省会为南昌市。

## 情境导入

小孙是井冈山旅行社的一名实习导游。近几年研学旅游发展火热，在带团过程中，小孙发现不同层次的学生针对研学旅游有不同的参观需求，除了准备景点导游词之外，还要对江西省的概况有一个全面的掌握。你可以帮小孙做好讲解服务的准备工作吗？

# 知识储备1　"习"美知天下

## 一、江西省基本概况

### （一）地理与气候

#### 1. 地理位置

江西省地处中国东南部，东邻浙江省、福建省，南连广东省，西接湖南省，北毗湖北省、安徽省。位于江西省北部的鄱阳湖是中国第一大淡水湖。

#### 2. 气候特点

江西省位于长江以南，纬度较低，属亚热带湿润季风气候，四季分明，春季潮湿，夏季暑热，秋季凉爽，冬季湿冷。

### （二）区划与交通

#### 1. 人口区划

截至 2022 年年末，江西省常住人口为 4 518 万人。江西共辖 11 个设区市（地级市），分别是南昌市、景德镇市、萍乡市、九江市、新余市、鹰潭市、赣州市、吉安市、宜春市、抚州市、上饶市，以及 100 个县级行政区。

### 2. 交通情况

江西全省以京九、浙赣、皖赣、鹰厦、铜九、武九 6 条铁路为骨干，另有横南、向乐、分文、弋樟、张塘、张建、新泰等支线。江西省公路以南昌为中心，形成以高速公路、国道、省道为主骨架，省、市、县、乡相连接的公路交通网络。江西省水路运输发达，南昌、九江、赣州、吉安为重要内河港口。江西民用航空运输形成了一个以南昌为核心，赣州、井冈山、景德镇、宜春等城市连接全国和世界各地的航空运输网。

## 二、江西省历史沿革

早在距今约 5 万年前，江西境内已经有了人类活动。商朝时期，江西地区已进入青铜器时代。秦统一全国后，设三十六郡，江西属九江郡。三国时期，江西地区是东吴的腹地，是东吴政权人力、物力和财力的主要供应基地之一，江西地区得到了前所未有的开发。唐太宗贞观元年（627 年）划全国为 10 道监察区，江西属于江南道。元代开始确立行中书省（简称行省）制度，江西行省辖区大于今江西省区。明代基本上保留了元朝的省区建制。清代改江西承宣布政使司为江西省，行政区域基本承袭明建制。1949 年，江西解放。

## 知识储备 2 "赏"美增见识

## 一、江西省民族民俗

江西省共有 55 个民族，其中汉族人口占 99% 以上，少数民族中人口较多的有畲族、苗族、回族、壮族、满族等。

赣南擂茶是独具特色的客家茶俗。客家围屋，又被称为"东方城堡"，是一种融祠、家、堡为一体，具有鲜明防卫特征的封闭式客家民居，至今已有数百年历史，主要分布于赣、闽、粤的客家人聚居地。围内不仅有水井和专门积屯粮草的房间，甚至连土地庙也搬进围内，即使被敌人长期围困，也可照常祈神保平安。

## 二、江西省风物特产

柑橘、油茶和猕猴桃被誉为"江西三宝"。江西其他特产还有樟树四特酒、遂川狗牯脑茶等。水果以赣州脐橙、南丰蜜橘、遂川金橘、南康早熟柚等为名贵地方品种。康熙、雍正、乾隆三朝，是景德镇瓷器制造业的黄金时代。景德镇的瓷器以"白如玉、明如镜、薄如纸、声如磬"的特色闻名中外，中国的英文名"China"就源于国外对中国瓷器的认识。

　　赣菜主要由豫章菜、浔阳菜、赣南菜、饶帮菜和萍乡菜构成。赣菜选料广泛、主料突出、注重刀工、制作精细，在烹饪中突出"原汁原味"。代表名菜有鄱湖胖鱼头、四星望月、藜蒿炒腊肉、庐山石鸡、余干辣椒炒肉、萍乡烟熏肉、莲花血鸭、老表土鸡汤、永和豆腐、井冈烟笋。

## 知识储备3　"述"美展自信

### 一、江西省文化艺术

#### （一）书院文化

　　江西文化内涵丰富，形成"十大文化"，即书院文化、陶瓷文化、茶叶文化、药业文化、稻作文化、造纸文化、矿冶文化、风水文化、宗教文化、商帮文化。书院是中国古代教育机构，最早出现在唐玄宗时期，正式的教育制度则是由朱熹创立，发展于宋代。江西是古代书院的起源地，唐代德安义门东佳书院和高安桂岩书院是中国设立最早的书院之一。江西省的古代书院数量为全国之最。宋代理学家重兴的白鹿洞书院为中国四大书院之一，享有"海内第一书院"的美誉；华林书院延四方讲席；鹅湖书院首创学术自由争辩之风；白鹭洲书院以人才辈出、延续办学800年而著称。

#### （二）文学曲艺

　　江西的戏剧艺术主要有兴国山歌、赣剧和采茶戏。兴国山歌是流行于以江西省兴国县为中心延及赣、粤、闽、桂数省的客家民歌，起源于唐代，兴盛于宋代，世代流传至今。

　　采茶戏是流行于江南地区和岭南一些省区的一种传统戏曲类别。明代，赣南、赣东、赣北茶区每逢谷雨季节，劳动妇女上山，一边采茶一边唱山歌，以鼓舞劳动热情，这种在茶区流传的山歌，被人称为"采茶歌"。

### 二、江西省旅游资源

　　江西旅游资源丰富，有世界遗产项目4处，即庐山、三清山、龙虎山、龟峰；有国家5A级旅游景区14处，包括庐山、井冈山、三清山、龙虎山、婺源江湾、古窑民俗博览区、共和国摇篮景区、明月山、大觉山、龟峰、滕王阁、武功山、庐山西海、三百山；有国家级旅游度假区 4 处，即宜春市明月山温汤旅游度假区、上饶市三清山金沙旅游度假区、新余市仙女湖七夕文化旅游度假区、赣州市大余县丫山旅游度假区。

图 3-6-1　庐山

### （一）庐山（世界文化景观遗产，5A 级景区）

庐山（图 3-6-1），位于江西省北部，九江市南，北依长江，濒临鄱阳湖西岸，共有山峰 90 多座，最高峰为大汉阳峰，海拔 1 474 米，群峰间散布许多壑谷、岩洞、瀑布、溪涧，地形地貌复杂多样。山体呈椭圆形，典型的地垒式断块山。相传殷周间，有匡氏七兄弟到这里结庐隐居，故称"庐山"，也叫"匡山"或"匡庐"。

图 3-6-2　井冈山

### （二）井冈山（5A 级景区）

井冈山（图 3-6-2），地处湘东赣西边界，南岭北支、罗霄山脉中段，是集人文景观、自然风光和高山田园为一体的山岳型风景旅游区。景区范围 213.5 平方千米，海拔最高处 1 779.4 米。1927 年秋至 1928 年，毛泽东、朱德等共产党人率领中国工农红军，在这里创建了第一个农村革命根据地，为中国革命开辟了一条农村包围城市的道路，因而井冈山被称为"中国革命的摇篮"。

### （三）三清山（世界自然遗产，5A 级景区）

三清山（图 3-6-3）又名少华山、丫山，位于江西省上饶市玉山县与德兴市交界处。因玉京、玉虚、玉华三峰宛如道教玉清、上清、太清三清尊神列坐山巅而得名。三峰中以玉京峰为最高，海拔 1 819.9 米。

三清山是一座道教名山。三清山道教始于晋代葛洪，据史书记载，东晋升平年间（357—361 年），葛洪与李尚书上三清山结庐炼丹，著书立说，至今山上还留有葛洪所掘的丹井和炼丹炉的遗迹。

图 3-6-3　三清山

## （四）鄱阳湖

鄱阳湖（图 3-6-4）古称彭蠡、彭蠡泽、彭泽，是中国仅次于青海湖的第二大湖，中国第一大淡水湖，位于江西省北部，长江中下游南岸，湖体通常以都昌和吴城间的松门山为界，分为南北（或东西）两湖。鄱阳湖上烟波浩渺、水草丰美，名山秀屿，比比皆是。湖中有大量长江流域的珍贵鸟类，每年还有许多珍贵的鸟类栖息在这里，被称为"白鹤世界""珍禽王国"。

图 3-6-4　鄱阳湖

## 素养导读　"品"美入我心

说起江西，很多人第一个想到的就是景德镇。景德瓷精致美丽，有青花、玲珑、粉彩、颜色釉四大传统名瓷。外国人认识中国，就是从这些古典优雅的瓷器开始的，在英文里"瓷器"与"中国"发音相同，可见景德镇的瓷器在全世界获得的评价很高。邻邦朝鲜、日本、越南、菲律宾，乃至欧洲国家意大利、西班牙、法国等均曾惊叹于景德镇的制瓷技术，遣人学习、仿制，将景德镇式的陶瓷艺术在亚欧大陆传播开来。

## 佳文导读　"析"美做实践

江西井冈山

"四面重峦障，五溪曲水萦。红根已深植，今日正繁荣。"各位游客朋友大家好，非常高兴和大家在井冈山相识，我是您此次井冈山之行的导游。

井冈山位于江西省西南部，1927 年 10 月，毛泽东、朱德等中国共产党人率领中国工农红军，在这里创建了第一个农村革命根据地，从此鲜为人知的井冈山载入了中国革命史册，被誉为"中国革命的摇篮"。说话间，我们已经来到了茨坪毛泽东同志的旧居，您这边请。这里本是一处农民的杂货铺，1927 年 10 月 27 日，毛泽东率领湘赣边界秋收起义部队来到茨坪后，房东就腾出此屋的一半给毛泽东和警卫员住。当时人们都亲切地称毛泽东为"毛委员"。在"山下旌旗在望，山头鼓角相闻"的峥嵘岁月里，红军的物质生活非常艰苦。毛委员也和大家一起，经常吃的是粗糙的红米饭和缺少油盐的南瓜汤。"红米饭、南瓜汤、秋茄子、味道香，餐餐吃得精打光。"当年井冈山流传的这首歌谣，正是红军艰苦生活的真实写照。

接下来，我们就来到了主席曾经居住工作的地方，室内光线昏暗，请您注意脚下。忆往昔，井冈山的物资何其匮乏。毛主席就将新领的棉衣赠予老乡御寒，自己却只穿两层单衣。井冈山的冬天格外寒冷，彻夜工作的毛泽东两只手时常被冻得不听使唤，就把唯一的线毯披在身上抵御寒冷。毛主席以自己艰苦奋斗、清贫廉洁的品质为井冈山军民树立了榜样，用敢为人先、勇闯新路的情怀，为中国革命指明了胜利的方向。希望下次我们能在井冈山再相遇，游客朋友们，再见。

## 实训演练 →

### 一、实训要求

小孙通过系统学习，已经储备了相关知识，掌握了江西省的代表性文旅资源，即将接待一个从宁夏来江西井冈山旅游的研学团。请帮小孙准备一篇江西井冈山的导游词并进行模拟讲解。

### 二、实施步骤

1. 根据本节课所学内容对江西概况进行总结，并搜集井冈山相关历史背景、名人轶事等素材，进行资料梳理和整合。

2. 讲解前，做好仪容仪表、音量语速、手势走位等方面的准备。

3. 请与小组成员分享你所写的导游词，并以小组为单位进行讲解展示，小组成员用评价表格进行点评，评出本组最优秀的讲解员。

## 学习情境七 好客圣地——山东省

山东，最初作为一个地理概念，主要指崤山、华山或太行山以东的黄河流域广大地区。清初设置山东省，"山东"才成为本省的专名。因西周封邦建国时，今山东境内曾存有齐、鲁、曹、滕、卫诸国，周公旦封于鲁，所以山东省简称"鲁"，省会是济南市。

　　小于是泰山旅行社的一名实习导游。山东省不仅旅游资源丰富，而且历史底蕴深厚。为了使游客对山东省有更加充分的认知，小于在精心准备导游词的同时开始着手整理山东省的基本知识。你可以帮小于做好讲解服务的准备工作吗？

# 知识储备1 "习"美知天下

## 一、山东省基本概况

### （一）地理与气候

#### 1.地理位置

山东省濒临渤海和黄海。大陆海岸线北起冀、鲁交界处的漳卫新河河口，南至鲁、苏交界处的绣针河河口，海岸线长达 3 345 千米，占全国海岸线的 1/6。

#### 2.气候特点

山东省的气候属暖温带季风气候类型。降水集中，雨热同季，春秋短暂，冬夏较长。降水季节分布很不均衡。

### （二）区划与交通

#### 1.人口区划

2022 年年末，山东省常住人口 10 162.79 万人。山东省辖 16 个地市，分别是济南市、青岛市、淄博市、枣庄市、东营市、烟台市、潍坊市、济宁市、泰安市、威海市、日照市、临沂市、德州市、聊城市、滨州市、菏泽市，其中济南、青岛为副省级城市，青岛也是计划单列市。

#### 2.交通情况

山东省的普通国道、省道覆盖全省 90% 以上乡镇和重要旅游景区。山东省以货运为主的"四纵四横"铁路运输格局基本形成。山东省的主要机场有济南遥墙国际机场、青岛流亭国际机场、青岛胶东国际机场、烟台蓬莱国际机场等。山东是沿海港口大省，拥有青岛、烟台、日照、威海、潍坊、滨州、东营 7 个沿海港口。

## 二、山东省历史沿革

山东是中华民族古老文明的发祥地之一。目前发现的最早的山东人——"沂源人"，可以把山东的历史推到四五十万年以前。夏禹分九州时，山东属于青州。商朝建立以前，山东是商族活动的中心，商前期的五次迁都，有三次在山东境内。商朝建立后，山东仍是其统治的中心地区。西周实行"封邦建国"之策，封吕尚于齐，封周公旦于鲁，战国时期，齐国成为七雄之一，而今日山东的大部分地区都属于齐、鲁两国。元代，在山东地区设立了东平行省、济南行省、山东淮南楚州行省、益都行省、山东行省等。金大定八年（1168年）置山东东路、山东西路，设山东东路统军司，"山东"始作为政区名称。明洪武元年（1368年），置山东行中书省。清初设置山东省，"山东"才成为本省的专名。1949年8月，华北人民政府通令，山东部分地区划出，与河南、河北的部分地区成立平原省。1952年撤销平原省，菏泽、聊城、湖西三专区划归山东省。

# 知识储备2 "赏"美增见识

## 一、山东省民族民俗

山东省属于少数民族杂居、散居省份，56个民族齐全。山东素有"齐鲁之邦，礼仪之乡"之称。外出谋职带来民俗文化交流的典型事例，当数历史上的山东人下关东，或称"闯关东"。他们将山东的风俗带去东北，又将东北的习俗携回山东。山东风俗受东北影响以胶东最为突出。

## 二、山东省风物特产

山东传统工艺品包括杨家埠木版年画、高密扑灰年画、高密剪纸、莱州剪纸、德州剪纸、灵岩寺泥塑、聂家庄泥塑、鲁锦、淄博陶瓷、潍坊风筝、博山琉璃、周村丝绸、青岛贝雕画、阴平毛笔等。

鲁菜以其味鲜咸脆嫩、风味独特、制作精细享誉海内外。特色菜有葱爆海参、油爆双脆、锅烧肘子、糖醋黄河鲤鱼、九转大肠、锅塌豆腐等；特色小吃有济南扁食、济南糖酥烧饼、福山拉面、蓬莱小面、周村酥烧饼等。还有许多地方风味小吃，如德州扒鸡、泰山"三美"（白菜、豆腐和水）、淄博酥锅、潍坊朝天锅等。

# 知识储备 3 "述"美展自信

## 一、山东省文化艺术

### （一）齐鲁文化

齐鲁文化是先秦时期齐国、鲁国形成和发展的一种地域文化，包括儒家文化、道家文化、兵家文化、法家文化、墨家文化以及阴阳、纵横、方术、刑、名、农、医等，其中最核心的是儒家文化。进入秦汉以后，齐鲁文化逐渐由地域文化演变为一种官方文化和主流文化。在战国时期，儒学广泛传播于齐、鲁两国，实现了儒学齐鲁化。秦汉时期，董仲舒吸收了齐国和鲁国新的思想，形成了新儒学体系，得到统治阶级认可，儒学从此由"齐鲁之学"发展到"独尊儒术"。山东是中国古代文化的发源地之一，也是古代文化的中心。这里曾产生过许多杰出的思想家、政治家、军事家、科学家、文学家和艺术家，对中华民族文化的发展产生了广泛而深远的影响。

### （二）文学曲艺

山东是中国较早有戏剧活动的地区之一。隋代齐倡名动全国，到了唐代，参军戏在山东流行。金末元初产生了用北曲演唱的戏曲形式，即元杂剧，山东是主要流行地区之一，元人钟嗣成的《录鬼簿》和明初贾仲明的《录鬼簿续编》中记载的山东籍戏曲作家共28人，能歌擅唱者4人。山东民间说唱艺术有"书山曲海"之誉，包括山东评书、山东快书、数来宝、山东琴书、山东大鼓、东路大鼓、胶东大鼓、山东清音等。山东民间音乐、舞蹈，粗犷豪放，民歌有上万首，包括《沂蒙山小调》《对话》等。山东杂技艺术历史悠久，其源头可以追溯到秦汉时期。

## 二、山东省旅游资源

山东省有世界遗产4处：泰山，长城（山东段），曲阜孔庙、孔林和孔府，大运河（山东段）；有国家5A级旅游景区14处：烟台市蓬莱阁旅游区（三仙山—八仙过海）、济宁市曲阜明故城（三孔）旅游区、泰安市泰山景区、青岛市崂山景区、烟台市龙口南山景区、威海市刘公岛景区、枣庄市台儿庄古城景区、济南市天下第一泉景区、山东省沂蒙山旅游区、威海市华夏城景区、潍坊市青州古城旅游区、东营市黄河口生态旅游区、临沂市萤火虫水洞·地下大峡谷旅游区、济宁市微山湖旅游区。

## （一）泰山（世界自然与文化双重遗产，5A 级景区）

图 3-7-1　泰山

泰山（图 3-7-1），别名岱山、岱宗、岱岳、东岳、泰岳，为五岳之一，素有"五岳之首""天下第一山"之称。泰山位于山东省中部，隶属于泰安市，绵亘于泰安、济南、淄博三市之间，总面积 2.42 万公顷，主峰玉皇顶海拔 1 532.7 米。1987 年，泰山被联合国教科文组织批准列为中国第一个世界文化与自然双重遗产。泰山风景区以泰山日出、云海玉盘、晚霞夕照和黄河金带四景最为出名。

岱庙位于山东省泰安市泰山南麓，俗称"东岳庙"。始建于汉代，是历代帝王举行封禅大典和祭拜泰山神的地方。岱庙与北京故宫、山东曲阜三孔、承德避暑山庄的外八庙，并称中国四大古建筑群。

## （二）蓬莱阁（三仙山—八仙过海）旅游区（5A 级景区）

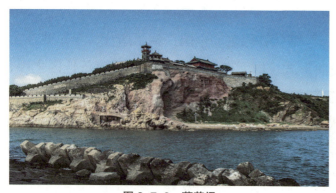

图 3-7-2　蓬莱阁

蓬莱阁（图 3-7-2）位于胶东半岛最北端，这里素有"人间仙境"之称，传说蓬莱、方丈、瀛洲是海中的三座仙山，为神仙居住之所，亦是秦始皇东寻求药、汉武帝御驾访仙之地。广为流传的"八仙过海"神话传说便源于此。蓬莱阁始建于北宋嘉祐六年（1061 年），与黄鹤楼、岳阳楼、滕王阁并称中国四大名楼。

## （三）曲阜三孔（世界文化遗产，5A 级景区）

曲阜三孔由孔庙、孔府（图 3-7-3）和孔林构成，位于山东省曲阜市，是中国唯一且规模最大的集祭祀孔子的寺庙、孔子嫡系后裔的府邸和孔子及其子孙墓地于一体的建

图 3-7-3　孔府

筑群。曲阜位于济南市南 120 千米，为山东著名的古城，是儒家学派创始人孔子的故乡。历代封建王朝，在这里兴建孔府、孔庙、孔林，使其闻名全国。孔府又称衍圣公府，是孔子嫡系长孙历代衍圣公的官衙住宅，人称"天下第一家"。孔庙是历代祭祀孔子

的地方，号称"天下第一庙"。孔林又称至圣林，是孔子及其子孙后代的家族墓地，占地
3 000 余亩。

### （四）天下第一泉风景区（5A 级景区）

天下第一泉风景区位于济南市中心，由"一河（护城河）一湖（大明湖）三泉（趵突泉（图 3-7-4）、黑虎泉、五龙潭三大泉群）四园（趵突泉公园、环城公园、五龙潭公园、大明湖风景名胜区）"组成，是集独特的自然山水景观和深厚的历史文化底蕴于一体的精品旅游景区，总面积 3.1 平方千米，是国家重点公园、全国精神文明建设工作先进单位、省级风景名胜区。

图 3-7-4　趵突泉

## 素养导读　"品"美人我心 ▶▶

山东，在这片土地上，圣中泰斗的孔子开创了儒家思想。"和爱为上，善仁中庸；礼德大同，兼收并蓄………"儒文化根植在人与人的真挚感情中，也指引人们积极理智地生活。千年的历史长河中，它是中国传统文化的主干，其核心思想也从未更易。受鲁国儒家思想熏陶最深的山东也同样吸纳了齐国开放的东夷文化，融合了伦理与功名，传统与革新，使齐鲁文化能够代表大中华的传统，延续新时代的繁荣。苍山碧水间的厚重积淀，不只是山东昨日的宝库，也是它美好明天的序篇，文化圣地、礼仪之邦的山东是人人称道的，它的文化厚重且璀璨、人民智慧且贤能。

## 佳文导读　"析"美做实践 ▶▶

孔子曰："有朋自远方来，不亦乐乎？"各位同学，大家好，欢迎来到世界三大圣城之一 —— 曲阜。我是大家的导游，今天就让我们怀着愉快的心情，相聚在孔子的故里，感受每个东方人灵魂深处的那份朴素情怀。好，现在孔庙到了，请同学们带好随身物品同我下车。

山东省孔庙

孔庙是祭祀孔子的庙宇，始建于公元前 478 年，经过两千余年的历代重修扩建，现在的曲阜孔庙已经形成具有东方特色的古代建筑群。占地 327.5 亩，共分九进庭院，贯穿在一条南北中轴线上，长达 1 千多米。包括各类门、殿、坊、阁共 466 间，令人一步三叹，流连忘返。

　　大家知道，孔子是伟大的教育家，被誉为"万世师表"，他可是名副其实的"人类灵魂工程师"。前方就是他的课堂了，我们一起去看看，两千多年前学生们是在怎样的环境里感受孔老师的春风化雨吧。

　　这就是杏坛了，传说为孔子讲学之处。孔子的后裔孔道辅监修孔庙时，"除地为坛，环植以杏，名曰杏坛"。同学们请看：杏坛十字结脊，四面悬山。走进亭内藻井精雕细刻，彩绘着金色盘龙。孔子"设教杏坛"的记载最早见于《庄子》："孔子游乎缁帷（zī wéi）之林，休坐乎杏坛之上，弟子读书，孔子弦歌鼓琴"。同学们我们不妨闭上眼睛想象一番：在和煦的春风中，红花绽开，绿树摇曳，我们席地而坐，诗、书、礼、乐朗朗上口，老夫子琴瑟配之，所要学习的精华就这样在人与人之间传承。孔子教导我们，学习的过程，实质上就是自身长处与短处匹配和制衡的过程，最终达到学以致用的目的。这位同学问得好：我们现在所学的数、理、化都能用得上吗？等游览完后我会为同学们揭晓答案。请随我继续参观。

　　现在矗立在我们面前的大殿就是名扬天下的"大成殿"，它是整个孔庙最高的建筑。大家看，它雕梁画栋，金碧辉煌，特别是廊下环立的28根雕龙石柱，可谓世界文化瑰宝。殿内居中供奉的便是孔子了。

　　此时此刻，我们站在孔庙前面，仍然能够感受到她传递出的这种文化传承的使命感。如今，我们已经欣喜地看到，儒家文化已经为世界上越来越多的人所熟识和认可，成为全人类共同的精神财富。同学们，希望在今后的日子里，你们能用智慧照亮生命的道路，把我们国家优秀的传统文化生生不息地传承下去。最后，祝愿各位学业有成、一路顺风。

## ▍▍ 实训演练　→

### 一、实训要求

　　小于通过系统学习，已经储备了相关知识，掌握了山东省的代表性文旅资源，即将接待一个从浙江省来山东孔庙旅游的商务团。请帮小于准备一篇孔庙导游词并进行模拟讲解。

### 二、实施步骤

　　1. 根据本节课所学内容对山东概况进行总结，并搜集孔庙相关历史文化、名人轶事等背景素材，进行资料梳理和整合。

　　2. 讲解前，做好仪容仪表、音量语速、手势走位等方面的准备。

　　3. 请与小组成员分享你所写的导游词，并以小组为单位进行讲解展示，小组成员用评价表格进行点评，评出本组最优秀的讲解员。

# 华中地区 —— 湖光山色 俗殊习异

华中地区包括河南省、湖北省和湖南省。华中地区位于中国中部、黄河中下游和长江中游地区，涵盖海河、黄河、淮河、长江四大水系，资源丰富，水陆交通便利，是全国工业农业的心脏和交通中心之一，地形以平原、丘陵、盆地和河湖为主，旅游资源非常丰富，蕴含了丰富多彩的民族习俗和风情。

## 学习目标 →

1. 了解华中地区各省份的基本情况和历史变迁；熟悉河南省、湖北省和湖南省的文化艺术和特产美食代表；掌握华中地区著名的文化旅游景观。

2. 能够运用所学知识形成知识脉络；能够较流畅地对河南省、湖北省和湖南省的概况进行导游讲解。

3. 树立对华中地区的优秀传统文化的自信心，为传播华中地区的文旅资源而自豪。

## 学习情境一 中原大地 —— 河南省

河南省，简称"豫"，省会郑州。河南是中华民族与华夏文明的发源地。从夏朝至宋朝，先后有20多个朝代建都或迁都河南，一直是中国政治、经济、文化和交通中心，是中国建都朝代最多、建都历史最长、古都数量最多的省份。河南省主要的文旅资源有龙门石窟、安阳殷墟、嵩山、少林寺、云台山、红旗渠等。

情境导入

　　小刘是红旗渠旅行社的一名实习导游，接待的旅游团类型多种多样，有经验的导游提醒她除了准备景点导游词之外，还要对河南省的概况有一个全面的掌握，这样才可以使游客们对目的地有更加全面的了解。于是，小刘在练习导游词的同时开始着手整理河南省的基本知识。你可以帮小刘做好讲解服务的准备工作吗？

# 知识储备 1　"习"美知天下

## 一、河南省基本概况

### （一）地理与气候

#### 1. 地理位置

　　河南省东连山东、安徽，西邻陕西，北与河北、山西相接，南临湖北。全省总面积 16.7 万平方千米。地势呈望北向南，承东启西之势，西高东低，由平原和盆地、山地、丘陵、水面构成；地跨海河、黄河、淮河、长江四大流域。

#### 2. 气候特点

　　河南省大部分地处温热带、南部跨亚热带，属北亚热带向暖带过渡的大陆性季风气候。具有四季分明、雨热同期、复杂多样和气象灾害频繁的气候特点。

### （二）区划与交通

#### 1. 人口区划

　　截至 2023 年年末，河南省常住人口为 9 815 万，全国排名第三。河南省辖 17 个地级市，分别是郑州市、开封市、洛阳市、平顶山市、安阳市、鹤壁市、新乡市、焦作市、濮阳市、许昌市、漯河市、三门峡市、南阳市、商丘市、信阳市、周口市、驻马店市，1 个省辖县级行政单位——济源市，21 个县级市。

#### 2. 交通情况

　　河南省在国家综合主体交通网主骨架中，有"1 轴、1 廊、1 通道"经过河南。郑州国际航空货运客货吞吐量分别升至全国第十一位、第六位。截至 2020 年，河南全省铁路运营里程为 6 134 千米，高速公路通车里程是 7 100 千米，现代综合交通网络基本形成。

## 二、河南省历史沿革

在五千多年的中华文明史中，河南作为国家的政治、经济、文化中心长达三千多年。在安阳殷墟发现的甲骨文，是世界上最早的文字，也是世界上最早的历史文献。秦王朝建立后，在今河南境内设置三川、南阳、颍川、河内、东郡、陈郡。以后的两汉时期，河南地区的经济和文化仍处于全国前列。东汉王朝建都洛阳，河南更成了全国政治、经济、文化中心。东汉之后形成三国鼎立局面，河南是四战之地。从唐朝建立到北宋灭亡，河南的经济和文化达到鼎盛时期。隋朝末年，在洛阳建立了东都，又以洛阳为中心开凿了沟通南北的大运河，一直通航到北宋时代，促进了南北经济、文化交流，当时开封人口达100多万，为全国第一大城市，商业贸易额占全国之半，各方面都极一时之盛，中国的八大古都河南省就占了四个，分别是：殷商古都、九朝古都洛阳、七朝古都开封和商都郑州。

# 知识储备2 "赏"美增见识 》》

## 一、河南省民族民俗

河南省少数民族分布呈现大分散、小聚居的特征，其中，回族、满族、蒙古族等占比较高。正月赶庙会是河南民俗文化的典型代表，比较有名的是浚县正月古庙会、淮阳太昊陵庙会、道口火神庙会、商丘火神台庙会、鹿邑老子庙会等。浚县正月庙会萌芽于后赵皇帝石勒开凿大伾山大石佛时期，距今已有近1 700年的历史。庙会时间持续长，从正月初一到二月二，长达月余，高潮日人流量达50万人次，由于规模大，上会人数多，持续时间长，民俗特色浓厚，被誉为"华北第一古庙会"。

## 二、河南省风物特产

悠久的历史造就了河南丰富的特产，河南工艺品有唐三彩、南阳玉雕、开封汴绣、朱仙镇木版年画、洛阳铲等；土特产有新郑大枣、四大怀药（铁棍山药、怀菊花、怀地黄、怀牛膝）、原阳大米、信阳毛尖等；名酒美食有杜康酒、张弓酒、洛阳水席、河南烩面、道口烧鸡、方中山胡辣汤、少林寺素饼等。

豫菜的特色是选料严谨、刀工精细、讲究制汤、质味适中。扒、烧、炸、熘、爆、炒、炝别有特色。其中，黄河鲤鱼焙面、洛阳水席、白扒广肚、牡丹燕菜、桶子鸡、开封第一楼灌汤小笼包、开花馍等是豫菜的代表。

# 知识储备 3 "述"美展自信

## 一、河南省文化艺术

### （一）中原文化

距今七八千年前的裴李岗文化遗址，六千多年前的仰韶文化遗址，五千年前的龙山文化、炎黄文化遗址等，都可以佐证河南所在的中原地区很早进入了人类社会的早期。从夏朝算起，五千年的中华文明史中，河南先后共有二十多个朝代，二百多位帝王在此建都或迁都来此。以此为据，开疆辟土，统摄华夏。俗话说，"伸手一摸就是春秋文化，两脚一踩就是秦砖汉瓦"。"若问古今兴废事，请君只看洛阳城"，洛阳市先后有 13 个王朝在此建都，累计时间达 1 500 多年，被称为九朝古都；"一城宋韵半城水，八朝古都千古韵"，开封市古时称为汴梁，是一座有 2 300 多年历史的七朝古都，因其历史的更迭及黄河水患形成了"开封城城摞城，地下埋着几座城"的特殊景观。

### （二）文学曲艺

一部河南史，半部中国史。河南是中国文学的发祥地。我国第一部诗歌总集《诗经》中，河南篇目作品有一百多篇，占三分之一。历史上有"汉魏文章半洛阳"之说，左思《三都赋》创造了"洛阳纸贵"的佳话。唐代三大诗人河南有其二，"诗圣"杜甫、"诗魔"白居易。

河南的戏曲文化光辉灿烂，被称为"戏曲之乡"，主要包括豫剧、曲剧、越调、豫东调、四平调、豫东秦书、大平调、宛梆、怀梆、淮调、罗强戏、柳琴戏、杭剧、豫南古画戏、浦剧和大仙戏。豫剧是中国四大剧种中最古老的一种，观众却超过了京剧，居全国之首，有广泛的群众基础。《花木兰》《穆桂英挂帅》《七品芝麻官》《朝阳沟》等剧目风靡全国，家喻户晓。

"天下功夫出少林"，中国功夫发源地少林寺在河南嵩山；刚柔并济强身健体的太极拳发源地在河南温县陈家沟。

## 二、河南省旅游资源

截至 2023 年，河南有世界文化遗产 6 处，分别是龙门石窟、安阳殷墟、长城（河南段）、中国大运河（河南段）、丝绸之路长安——天山廊道的路网（河南段）、登封天地之中历史建筑群；国家 5A 级旅游景区 15 处；全国重点文物保护单位 419 处。非物质文化遗产方面，以河南为代表的中国皮影戏、太极拳和二十四节气三个项目被联合国教科文组织列入《人类非物质文化遗产代表作名录》。

### （一）龙门石窟（世界文化遗产，5A 级景区）

龙门石窟（图 4-1-1），位于河南省洛阳市，是世界上造像最多、规模最大的石刻艺术宝库，被联合国教科文组织评为"中国石刻艺术的最高峰"，位居中国各大石窟之首。龙门由大禹治水中所开凿，鱼跃龙门的传说亦发生于此。其石窟则始凿于北魏孝文帝年间，盛于唐，终于清末。

图 4-1-1　龙门石窟

历经十多个朝代陆续营造长达 1 400 余年，是世界上营造时间最长的石窟。现存洞窟像龛 2 345 个，造像 11 万余尊，建造时采用了大量彩绘。

### （二）嵩山少林（世界文化遗产"登封'天地之中'历史古迹部分"，5A 级景区）

嵩山位于河南省郑州市登封市，属伏牛山系，中国五岳之一，因位居中原大地之中，天地之中，通称为中岳。嵩山由太室和少室两山组成，有 72 峰，太室山和少室山各占 36 峰。以奇、险、峻、秀而居五岳之中。峻极峰为主峰，海拔 1 492 米。

少林寺（图 4-1-2）素有"天下功夫出少林，少林功夫甲天下"之说。建于北魏太和二十年（公元 496 年）是孝文帝为安顿印度高僧跋陀而建，因其建于嵩山少室密林之中，故定名"少林寺"。北魏孝昌三年（公元 527 年），印度高僧菩提达摩来到少林，在少室山五乳峰一天然石洞面壁九年，首传禅宗。至此，少林被称为"禅宗祖庭"。

图 4-1-2　少林寺

塔林（图 4-1-3），位于少林寺西大约 300 米处，这是安葬历代高僧、住持、大和尚的坟墓，占地约 1.4 万平方米，共有唐、宋、金、元、明、清历代 250 多座砖塔和石塔，为我国最大的塔墓群。

图 4-1-3　塔林

### （三）云台山（5A 级景区）

云台山（图 4-1-4），位于河南省焦作市修武县境内，距省会郑州 70 千米。景区总面积 50 平方千米，含红石峡、潭瀑峡、泉瀑峡、茱萸峰、叠彩洞、猕猴谷、子房湖、万善寺等八大景点，是一处以太行山岳丰富的水景为特色，以峡谷类地质地貌景观和悠久的历史文化为内涵，集科学价值和美学价值于一身的科普生态旅游精品景区。

图 4-1-4　云台山

### （四）红旗渠——太行大峡谷（5A 级景区）

图 4-1-5　红旗渠

红旗渠（图 4-1-5）工程于 1960 年 2 月动工，至 1969 年 7 月支渠配套工程全面完成，全长 70.6 千米，历时近 10 年。一渠绕群山，精神动天下。20 世纪 60 年代，林县（今河南省安阳市林州）人民靠一锤、一钎、一双手，苦干 10 个年头，硬是在万仞壁立、千峰如削的太行山上，斩断 1 250 个山头，架设 152 座渡槽，凿通 211 个隧洞，建成了全长 1 500 千米的"人工天河"——红旗渠。

## 素养导读 "品"美入我心 ▶▶

河南是中华文明的发祥地，是姓氏宗亲祖根的重要发源地，保留着大量祖祭文化遗址，如商丘的火神台、周口淮阳的太昊陵、新郑的黄帝故里等，每年的黄帝故里拜祖大典有大量来自世界各地的炎黄子中华儿女前来祭拜。千秋一寸心聚合华人力，"大风起兮云飞扬，吾土吾心吾欢畅，四海之内皆和谐，吾思吾梦吾向往"；不管是隔着山，还是隔着水，这首黄帝颂都传达着一种力量；不管是华发满头的老人，还是尽享青春年华的少男少女，这首意境深远的黄帝颂都让他们魂牵梦萦；高扬的黄帝大旗召唤着居住在世界各地的中华儿女祭祖寻根。

## 佳文导读 "析"美做实践 ▶▶

河南省红旗渠

一条飞河飞架太行，一种精神浩然长存。

同学们，大家好！欢迎来到国家 5A 级景区红旗渠参观游览。红旗渠景区位于河南省安阳林州北部，地处豫、晋、冀三省交界。今天就请同学们和我共同走进历史课本中描述的红旗渠，品味那段"崖当房，石当床，虎口崖下度时光"的峥嵘岁月，感悟林县人民"为有牺牲多壮志，敢教日月换新天"的豪迈精神。

据《林县县志》记载，从明正统元年（1436年）到中华人民共和国成立的514年间，林县就发生自然灾害100多次，大旱绝收30次，人吃人这个惊心动魄的字眼出现了5次。真可谓"一部林县志，满卷荒旱泪"！

直到20世纪60年代，为彻底改变林县干旱缺水的困境，在当时县委书记杨贵的带领下，千军万马战太行。十万开山大军，历时十个春秋，建成总长1 500千米的"中国水长城"——红旗渠。周恩来总理曾自豪地告诉国际友人："新中国有两大奇迹，一个是南京长江大桥，一个是林县红旗渠。"

顺着蜿蜒的渠道，现在我们来到了青年洞景区，它是红旗渠总干渠最艰险的咽喉工程之一。1960年10月，因为自然灾害和国家经济困难，总干渠被迫停工，群众想水、念水、盼水，为早日实现"引漳入林"，修渠干部群众提出"宁愿苦战，不愿苦熬"的口号，挑选出300名青年男女组成突击队，坚持继续施工。修渠的岁月，粮食短缺，为了填饱肚子，他们上山挖野菜，下河捞水草；没有大型机械的帮助，他们仅凭着一锤一针一双手，历经1年零5个月的奋战，终于将616米的长洞凿通。

站立渠畔，抚今追昔，林县人民修渠的身影早已不再，"誓将林县河山重安排"的歌声也已飘远，但"自力更生，艰苦创业，团结协作，无私奉献"的红旗渠精神，已经镌刻在每一块太行山石上，融入每一滴红旗渠水中。同学们，生活在新时代的我们，要接过这面旗帜，传承红旗渠精神，在实现中国梦的路上奋勇前进！传承红色基因，讲好红色故事，让我们继承和发扬红旗渠精神，不忘初心，砥砺前行。谢谢同学们一路上的支持和配合，期待你们再来红旗渠，同学们再见！

## ┃ 实训演练 →

### 一、实训要求

小刘通过系统学习，已经储备了相关知识，掌握了河南省的代表性文旅资源，即将接待一个从山西省来河南红旗渠旅游的研学团。请帮小刘准备一篇河南红旗渠导游词并进行模拟讲解。

### 二、实施步骤

1.根据本节课所学内容对河南概况进行总结，并搜集红旗渠相关历史文化、名人轶事等背景素材，进行资料梳理和整合。

**实训演练 →**

2.讲解前，做好仪容仪表、音量语速、手势走位等方面的准备。

3.请与小组成员分享你所写的导游词，并以小组为单位进行讲解展示，小组成员用评价表格进行点评，评出本组最优秀的讲解员。

## 学习情境二　灵秀荆楚 —— 湖北省

湖北省，简称"鄂"，别名楚、荆楚，省会武汉市。湖北因位于长江中游的洞庭湖以北而得名。湖北历史悠久，自古就有"荆楚"之称，是楚文化的发祥地。湖北自然和人文旅游资源丰富多样，自古就有"千湖之省"的称谓。湖北省主要的文旅资源有武当山古建筑群、襄阳古城神农架、黄鹤楼、宜昌屈原故里等。

### 情境导入

小王是一名刚刚入职湖北某旅行社的导游。作为土生土长的湖北人，他很乐于把美丽富饶的家乡介绍给来自全国各地的游客们。因为是刚入职不久，他还需要准备很多关于湖北省的知识。你能协助小王做好接下来的接待讲解工作吗？

## 知识储备1 "习"美知天下

### 一、湖北省基本概况

#### （一）地理与气候

**1.地理位置**

湖北省位于我国中部，东邻安徽，南接湖南、江西，西连重庆，西北与陕西接壤，北与河南毗邻。位于湖北省中南部的洪湖是湖北省内最大的淡水湖。

## 2. 气候特点

湖北省地处南北气候过渡带，全省除高山地区属高山气候外，大部分地区属亚热带季风性湿润气候，四季分明，冬冷夏热，春暖秋爽，雨热同季。

## （二）区划与交通

### 1. 人口区划

截至 2023 年 6 月，湖北省常住人口为 5 838 万。湖北省有 12 个地级市、1 个自治州，分别是：武汉市、黄石市、襄阳市、荆州市、宜昌市、十堰市、孝感市、荆门市、鄂州市、黄冈市、咸宁市、随州市和恩施土家族苗族自治州。

### 2. 交通情况

湖北省是我国铁路的发源地之一，省会武汉素有"九省通衢"之说，截至 2023 年，高速铁路营业里程约到 5 200 公里，高速铁路和城际铁路超过 1 600 公里。武九高铁、汉十高铁等建成通车，以武汉为中心的高铁城际网加快形成。湖北高速里程发展迅猛，高速公路总里程达到 8 000 千米；湖北省是拥有长江干线最长的省份，省内河湖众多，三级及以上航道里程达到 2 300 千米。

## 二、湖北省历史沿革

夏王朝时期，夏文化的影响已经到达江汉地区。商朝建立后，湖北即纳入商的版图。春秋战国时期，楚国国力进一步强盛。秦始皇统一中国（前 221 年）后，湖北大部属南郡。隋朝统一全国后，今湖北除西北部分和东部一隅外，绝大部分属荆州。隋开皇九年（589 年）江夏郡曾一度改称鄂州，今湖北简称鄂即源于此。唐朝时，湖北属淮南、山南二道及江南道；北宋初年，设置荆湖北路，建成"湖北路"，湖北之名由此开始。至清康熙三年（1664 年）湖广分治，大体以洞庭湖为界，南为湖南布政使司，北为湖北布政使司，定为湖北省，省会武昌。此为湖北省建省之始，1949 年湖北省人民政府成立。

## 知识储备 2 "赏"美增见识

## 一、湖北省民族民俗

湖北是一个多民族聚居的省份，56 个民族俱全，少数民族常住人口 247 万人，占全省总人口的 4.5%，主要有苗族、土家族、回族、满族、侗族、蒙古族、彝族和维吾尔族等。少数民族的主要民俗风情有土家族的赶年、女儿会、苗族的苗年、土家族和苗族的共同节日牛王节；土家族的婚丧嫁娶也有自己的风俗，比如撒尔嗬、婚俗中的哭婚、陪十姊妹等。

　　吃粽子和赛龙舟是中国许多地方的风俗。因为纪念的是战国时期的楚国诗人屈原，所以在他的家乡秭归县场面更加壮观，甚至比春节还要隆重。每逢农历五月初五端午节，湖北各地均有赛龙舟、吃粽子的习俗。

## 二、湖北省风物特产

　　湖北特产有房县黑木耳、鄂州武昌鱼、洪湖莲子、沼山胡柚、麻城福白菊、宜红茶、天门黄花菜、大畈枇杷、英山天麻等；著名的传统工艺品有汉绣、竹山绿松石、管窑陶器、红安大布、黄梅挑花、武穴竹编、程河柳编、孝感雕花剪纸等。

　　湖北菜以水产为本，鱼馔为主，汁浓芡亮，香鲜辣，注重本色，菜式丰富，菜式众多，代表菜有黄州东坡肉、珊瑚桂鱼、腊肉炒菜薹、沔阳三蒸、莲藕排骨汤、红烧鮰鱼、荆沙甲鱼、砂锅鱼糕鱼圆、潜江油焖小龙虾。特色小吃有蔡林记热干面、襄阳牛肉面、四季美汤包、孝感米酒、三鲜豆皮、恩施炕土豆、公安锅盔、谈炎记水饺、糊汤米粉、油饼包烧麦等。

## 知识储备3 "述"美展自信

## 一、湖北省文化艺术

### （一）荆楚文化

　　楚文化是周朝时期长江中游地区楚人所创造的具有自身特征的一种文化。商周时期，中原民族把长江中游的南方民族称为荆蛮、楚蛮或荆楚，周成王分封荆楚民族一支的首领熊绎于荆山丹阳，为楚子，标志着楚国历史的开始。起初楚国在诸侯国中等级较低，控制地域也非常小。西周后期，楚国逐渐强大，通过不断的战争，逐渐控制了长江中游地区，并成为"春秋五霸"之一。春秋时期，以荆楚民族为主体、以楚国为中心的楚文化体系已经形成。至战国时代，楚国继续扩张，占有长江中下游的大部分地区，并控制了今河南、四川、贵州的部分地域，成为"战国七雄"中疆土最广阔的政权。随着楚国和荆楚民族由弱小走向强大，楚文化经历了一个产生、发展、传播以及与新征服地域文化交流融合的过程。

### （二）文学曲艺

　　湖北戏剧剧种丰富，源远流长，其中汉剧、楚剧、荆州花鼓戏、黄梅戏地方戏曲特色浓郁。湖北汉剧的起源于清朝康乾年间，至今已有 300 多年的历史，它是湖北地区乃至全国皮黄剧种和南北京剧风格形成的特殊见证。楚剧是湖北地区具有广泛影响的地方剧种，2006 年，入选国务院颁布的首批非物质文化遗产保护名录。黄梅戏起源地为湖北黄梅县，原名"黄梅调"，《天仙配》《女驸马》是其代表作品，黄梅戏传播广泛，当地有"一去二三里，村村湾湾都唱戏"之说。荆州花鼓戏起源于湖北沔阳（今仙桃市），充满浓郁的江汉平原地方情调，其唱腔悠扬、甜美、悦耳；表演既展现了丰富多彩的湖乡生活和湖乡风貌，又具有浓郁的汉族民间生活气息。

## 二、湖北省旅游资源

截至 2023 年，湖北有世界文化遗产 3 处，分别是武当山古建筑群、钟祥明显陵、唐崖土司遗址；世界自然遗产 1 处，神农架；国家 5A 级旅游景区 14 处，分别是武汉市黄鹤楼、东湖、黄陂木兰文化生态旅游区、宜昌市长阳清江画廊景区、三峡大坝 —— 屈原故里旅游区、三峡人家风景区、三峡大瀑布景区、十堰市武当山风景区、恩施州神农架、恩施大峡谷景区、神龙溪纤夫文化旅游区、腾龙洞景区、襄阳市古隆中景区、咸宁市三国赤壁古战场景区；全国重点文物保护单位 168 处。

### （一）武当山（世界文化遗产，5A 级景区）

武当山（图 4-2-1），中国道教圣地，古有"太岳""玄岳""大岳"之称，位于湖北省西北部丹江口市境内。相传，武当山为道教真武神得道飞升之地，有"非真武不足当之"之说，因此得名武当山。主峰天柱峰海拔 1 612 米，有"一柱擎天"之誉。武当山以其绚丽多姿的自然景观、规模宏大的古建筑群、源远流长的道教文化、博大精深的武当武术著称于世，被誉为"亘古无双胜境，天下第一仙山"。

元末明初，道士张三丰集其大成，开创武当派。武当派是中国道教的重要流派。

图 4-2-1　武当山

### （二）神农架（世界自然遗产，5A 级景区）

神农架（图 4-2-2），位于湖北省巴东、兴山、房县三县交界处，面积 70 464 公顷，最高峰神农顶海拔 3 105 米，有"华中屋脊"之称。相传神农氏（炎帝），在此遍尝百草，为民除病，而得名神农架。神农架动植物资源十分丰富，保存着完美的亚热带森林生态系统。神农架是举世闻名的神秘地带。

图 4-2-2　神农架

### （三）黄鹤楼（5A 级景区）

图 4-2-3　黄鹤楼

黄鹤楼（图 4-2-3），位于湖北省武汉市武昌区，地处蛇山之巅，俯瞰万里长江，始建于三国吴黄武二年（223 年），最初是由三国时期蜀汉名将黄忠所建，当时的黄鹤楼只有三层，主要是为了纪念黄忠的功绩，唐代诗人崔颢登楼所题《黄鹤楼》最负盛名，黄鹤楼因此名扬四海。现存建筑以清代"同治楼"为原型设计，重建于 1985 年；黄鹤楼自古有"天下绝景"之美誉，黄鹤楼楼高 51.4 米，为四边套八边形体，共有五层，内部由 72 根圆柱支撑，登楼远眺，武汉三镇的风光尽收眼底。

### （四）三峡大坝—屈原故里（5A 级景区）

图 4-2-4　三峡大坝

三峡大坝（图 4-2-4）位于西陵峡中段、湖北省宜昌市境内的三斗坪，距下游宜昌葛洲坝水利枢纽工程 38 千米，总面积 15.28 平方千米，是当今世界上最大的水利枢纽工程。旅游区以世界上最大的水利枢纽工程三峡工程为依托，全方位展示工程文化和水利文化，为游客提供集游览、科教、休闲、娱乐于一体的多功能服务。

屈原故里景区位于秭归县新县城，占地面积约 500 亩，高峡平湖美景尽收眼底，同时以屈原祠、江渎庙为代表的 24 处峡江地面文物集中搬迁于此。

## 素养导读  "品"美入我心

武昌起义又称辛亥首义，是指 1911 年 10 月 10 日（农历辛亥年八月十九）在湖北武昌发生的一场旨在推翻清朝统治的武装暴动，也是辛亥革命的开端。武昌起义是在清王朝统治腹心打响的第一枪，一举推翻了中国历史上最后一个封建王朝，它加快了清王朝灭亡的步伐，给了清政府严重打击，导致清代帝王被迫退位，结束了封建统治，建立了中华民国。武昌起义是中国近代史上一次具有重要意义的革命，它的成功加速了清政府的垮台，为中国的现代化进程奠定了基础。

## 佳文导读  "析"美做实践

湖北武当山

"亘古无双胜境，天下第一仙山！"

各位叔叔阿姨们，大家早上好，欢迎您来到道教圣地武当山！希望我的讲解，能让您领略到武当建筑的精妙神奇，衷心祝愿您本次武当仙山之旅愉快顺心，不虚此行。

武当山位于湖北省十堰市，早在 1994 年就被列入《世界文化遗产目录》，是我国首批国家级重点风景区。它古名太和山，相传道教真武大帝在此得道飞升而改名武当山，意思是"非真武不得当之"。绵延八百里的武当山，金顶朝拜，紫霄问道，南岩观景，这里的每一处景致都能让您体会武当山"七十二峰朝大顶，二十四涧水长流"的无穷魅力。叔叔阿姨，请您注意脚下，随我这边走，说话间我们就来到了金光灿烂、名扬中外的武当金顶。展现在大家眼前的就是举世瞩目的武当金殿了。

金殿建于明朝永乐十四年，也就是公元 1416 年，距今已有 600 多年的历史。大殿全铜铸鎏金，由九种金属冶炼铸造而成，总共用了 360 余公斤黄金，是中国现存铜铸殿中最华丽、最精美的一座。

现在请您随我进入殿内参观。叔叔阿姨们您是否发现，整座金殿每一个构件的连接都严丝合缝，没有任何焊接的痕迹。据专家分析，工匠们在天柱峰顶，把水银加热熔化，然后将金子锤成金片扔到加热的水银中慢慢沉淀，接下来用木炭条轻轻搅动水银，待金子在沉淀的过程中与水银发生化学反应，形成金泥后，再取金泥涂在榫卯组接部位，最后架起炭火烘烤，使水银挥发，只留下纯金。这样，金子便堵住了各部件的接口缝隙，看上去就是一座整体的殿堂。这样一种巧夺天工的建筑方式，是中国古代劳动人民技艺的结晶。武当山金殿也因此被誉为世界上唯一一座建在山顶上的"紫禁城"。

好了，叔叔阿姨们，当您领略了武当金殿的精妙神奇后，我相信您会对我国古代匠人运用非凡的智慧，结合精湛的技艺，在不可能的地方创造着无限的奇迹而惊叹不已，这是我们每个中国人的骄傲！好，我们今天的武当之旅就要结束了。感谢大家对我工作的支持与配合，武当山蕴含的奥秘无穷，期待您再来探索！

## 实训演练 →

### 一、实训要求

小王通过系统学习，已经储备了相关知识，掌握了湖北省的代表性文旅资源，即将接待一个从河北省来武当山旅游的研学团。请帮小王准备一篇武当山导游词并进行模拟讲解。

### 二、实施步骤

1. 根据本节课所学内容对湖北概况进行总结，并搜集武当山相关历史文化、景区概况等背景素材，进行资料梳理和整合。

2. 讲解前，做好仪容仪表、音量语速、手势走位等方面的准备。

3. 请与小组成员分享你所写的导游词，并以小组为单位进行讲解展示，小组成员用评价表格进行点评，评出本组最优秀的讲解员。

## 学习情境三　潇湘神韵 —— 湖南省

湖南省，简称"湘"，省会长沙市。湖南省位于我国中部、长江中游，因大部分区域处于洞庭湖以南而得名"湖南"，因省内最大河流湘江流贯全境而简称"湘"，湖南自古盛植木芙蓉，五代时就有"秋风万里芙蓉国"之说，因此又有"芙蓉国"之称。湖南省主要的文旅资源有张家界、岳阳楼、崀山、岳麓山·橘子洲、凤凰古城等。

## 情境导入

小孙是长沙某职中导游专业的学生，这个暑假他要去省国旅做实习导游，老师建议他上岗前先搜集一些介绍湖南省概况的资料，以便于他更加顺利地进行讲解工作。你可以帮小孙把湖南省的知识脉络梳理清楚吗？

# 知识储备1 "习"美知天下

## 一、湖南省基本概况

### （一）地理与气候

#### 1. 地理位置

湖南省东以幕阜、武功诸山与江西交界，南枕南岭与广东、广西为邻，西以云贵高原东缘与贵州、重庆毗邻，北以滨湖平原与湖北接壤。总面积21.18万平方千米。

#### 2. 气候特点

湖南省雨热同期，冬季寒冷，春季温暖，夏季炎热，秋季凉爽，有四季变化较为明显的气候特点。

### （二）区划与交通

#### 1. 人口区划

截至2023年年末，湖南省常住人口为6 568万人，全国排名第七。河南省辖13个地级市，分别是长沙市、株洲市、湘潭市、衡阳市、邵阳市、岳阳市、常德市、张家界市、益阳市、郴州市、永州市、怀化市、娄底市，1个自治州，即湘西土家族苗族自治州。

#### 2. 交通情况

湖南民用机场有长沙黄花国际机场、张家界荷花机场和常德桃花源机场等；铁路有京广、焦柳线纵贯南北，湘桂、湘黔、浙赣、石长线连接东西；现有4条纵向、3条横向国道经过省境与70多条省道和密如蛛网的县、乡（镇）公路相连。2023年，湖南省新增四条高速公路，分别为官新高速、芷铜高速、靖黎高速和白新高速。

## 二、湖南省历史沿革

湖南是华夏文明的重要发祥地之一，距今5 000年前湖南先民开始在此过定居生活。湖南在夏、商和西周时期属《禹贡》所称"九州"的荆州南境，春秋战国时属楚国；秦朝时湖南地区设置了黔中、长沙两郡，两汉时期属荆州刺史辖区；三国时期，湖南地区为蜀汉和东吴的角逐之地；两晋时期设有以"湘"命名的"湘州"；唐朝设湖南观察使，为湖南建置之名始；宋朝设"湖南路"，元朝设"湖广行省"，明朝设湖广承宣布政使司（仍称行省）；清朝分湖广省置湖南省，最终完成独立设省进程，省名沿用至今。新民主主义革命时期，湖南是全国农民运动的中心、中国革命的重要策源地、抗日战争重要的正面战场，发生了秋收起义、湘南暴动、桑植起义、平江起义、通道转兵、芷江受降等著名历史事件。毛泽东、刘少奇、任弼时、彭德怀等无产阶级革命家，为创建中国共产党、缔造中华人民共和国做出了卓越贡献；新中国首批授衔的 10 大元帅中有 3 位是湖南人，10 位大将中有 6 位是湖南人，故湖南有伟人故里、将帅之乡、革命圣地、红色摇篮之称。

## 知识储备 2 "赏"美增见识

### 一、湖南省民族民俗

湖南是多民族省份，共有 55 个少数民族，其中苗、土家、侗、瑶、回、壮、白、维吾尔族等 8 个为世居的少数民族。湖南民俗多姿多彩，湘绣、滩头木版年画、皮影戏、江永女书等 99 项民俗艺术被列入国家非物质文化遗产目录。

湘西苗族的巫傩文化很具有地方特色，"傩"就是人避其难，意为"惊驱疫疬之鬼"，傩舞又称鬼戏，是汉族最古老的一种祭神跳鬼、驱瘟避疫、表示安庆的娱神舞蹈，因为流传至今，所以傩戏又被称为"中国戏剧的活化石"。

土家族的传统工艺有蜡染、绘画、雕刻、剪纸等。织绣艺术是土家族妇女的传统工艺，土家织锦又称"西兰卡普"。土家族爱唱山歌，山歌有情歌、哭嫁歌、摆手歌、劳动歌、盘歌等。传统舞蹈有"摆手舞""八宝铜铃舞"及歌舞"茅古斯"。

### 二、湖南省风物特产

湖南省曾有"九州粮仓、鱼米之乡"的美誉，早在明清时期，就有"湖广熟，天下足"之说，农林特产丰富。湖南特产有中国四大名绣湘绣、中国十大名茶君山银针、中国十大名橙永兴冰糖橙、中国三大莲子湘潭湘莲、江南第一梅靖州杨梅、中国八大名鸭之一临武鸭；还有特产美食——长沙臭豆腐，特产名茶——安化黑茶，特产名酒——吉首酒鬼酒、特产水果——株洲炎陵黄桃，工艺品特产——铜官陶器、菊花石雕、醴陵陶瓷，水产海鲜特产——郴州东江鱼和张家界特产葛根粉等。

湖南是酸辣的代表，代表菜为祖庵湘菜，如"祖庵鱼翅""祖庵豆腐"等，民间代表湘菜有麻辣子鸡、剁椒鱼头、火方东笋尖、松鼠鳜鱼、湘西外婆菜等。

# 知识储备3 "述"美展自信

## 一、湖南省文化艺术

### （一）潇湘文化

潇湘文化的基本精神是"淳朴重义""勇敢尚武""经世致用""自强不息"。悠久的历史孕育了灿烂的文化，湖南自古有"古道圣土""屈贾之乡"和"潇湘洙泗"的美誉，以"心忧天下、敢为人先、经世致用、兼收并蓄"为精神特质的湖湘文化薪火相传，培育形成了"忠诚、担当、求是、图强"的湖南精神。湖南人文荟萃，英才辈出，曾经有"唯楚有材，于斯为盛"的鼎盛气象。从流寓湖湘的先秦爱国诗人屈原，到西汉著名政论家贾谊、东汉造纸术发明者蔡伦；从唐代著名书法家欧阳询、怀素，到北宋理学鼻祖周敦颐及在湖南讲学传道的南宋著名理学家朱熹；从明代茶陵诗派领袖李东阳，到有"东方黑格尔"之称的思想家王夫之，湖湘人才群体联袂而起、灿若星河。

### （二）文学曲艺

阴铿是南朝梁、陈时期的著名诗人，也是湖南出现的第一个真正称得上有成就的诗人。唐朝时著名诗人李白、孟浩然、王昌龄、杜甫、韩愈、柳宗元、李商隐等都曾流寓湖南，并留下了很多不朽之作；近代湖湘经世文学时期是清朝到中日甲午战争，这一时期形成了以曾国藩、左宗棠为代表的湖湘经世派文学群体，在五四新文化开创的湖南沃土上，经毛泽东、徐特立、黎锦熙等宣传、倡导，对中华人民共和国成立后的湖南文学创作产生了深远影响。

湖南戏剧具有悠久的艺术传统，在长期的历史发展中，逐渐形成了具有不同风格和特点的湘剧、祁剧、辰河戏、衡阳湘剧、武陵戏、荆河戏、巴陵戏、湘昆、长沙花鼓戏、邵阳花鼓戏、衡州花鼓戏、常德花鼓戏、岳阳花鼓戏、永州花鼓戏、阳戏、花灯戏、傩戏、苗剧、侗戏等19个湖南地方戏剧剧种。

## 二、湖南省旅游资源

截至2023年，湖南省有世界自然遗产2处，分别是武陵源风景名胜区、"中国丹霞"的湖南崀山；世界文化遗产1处，永顺老司城遗址。此外，湖南省还有国家自然遗产1处，万佛山——侗寨；国家自然和文化双遗产4处，分别是南岳衡山、紫鹊界梯田——梅山龙宫，炎帝陵——桃源洞，里耶——乌龙山；有长沙、岳阳、凤凰、永州4座中国历史文化名城；有秋收起义文家市会师旧址、洪江古建筑群等 226 处全国重点文物保护单位。

## （一）武陵源风景名胜区和天门山（世界自然遗产，5A 级景区）

武陵源风景名胜区（图 4-3-1），位于中国中部湖南省西北部武陵山脉中，由张家界国家森林公园、索溪峪自然保护区和天子山自然保护区组合而成，后又发现了杨家界新景

图 4-3-1　武陵源风景名胜区

区，总面积约 500 平方千米，武陵源被称为自然的迷宫、地质的博物馆、森林的王国、植物的百花园、野生动物的乐园，以"五绝"——奇峰、怪石、幽谷、秀水、溶洞闻名于世。

天门山距张家界市南侧约 8 千米，因自然奇观天门洞而得名。海拔 1 518.6 米，是张家界海拔最高山，也是张家界的文化圣地，被尊为"张家界之魂"。

## （二）岳阳楼（5A 级景区）

岳阳楼（图 4-3-2），位于岳阳市，

图 4-3-2　岳阳楼

包括岳阳古城区、君山、汨罗江等 9 个风景区，总面积 1 300 多平方千米。岳阳楼矗立于岳阳市古西门城头，临洞庭，吞长江，气势雄伟。它始建于公元 220 年前后，前身为三国时期东吴将领鲁肃的阅兵楼，距今已有近 1 800 年历史，真正使它名闻天下的是范仲淹所作的《岳阳楼记》，文中先忧后乐的核心思想流传至今。从此楼以文名、文以楼传，文楼并重于天下。

## （三）老司城遗址（世界文化遗产）

图 4-3-3　老司城遗址

老司城遗址（图 4-3-3）位于永顺县城东约 19.5 千米的灵溪河畔，总面积 25 平方千米，是南宋绍兴五年（1135 年）至清雍正六年（1728 年）土司司治的政治、经济、军事、文化中心，是彭氏土司政权统治古溪州地区近600 年的治所。该遗址是目前国内规模最大、保存最完整、历史最悠久的古代

土司城市遗址，完整地反映了土司及土司制度的产生、发展和消亡全过程。

### （四）岳麓山—橘子洲（5A 级景区）

岳麓山位于湖南省长沙市，地理位置非常独特，是衡山 72 峰中的最后一峰，是世界上极少数集"山、水、洲、城"为一体的国家 5A 级旅游景区，这里因有大片的枫树林而被誉为中国四大赏枫叶胜地之一。爱晚亭（图 4-3-4），位于岳麓山清风峡中，始建于清乾隆五十七年，即公元 1792 年，创建者是当时的岳麓书院院长、著名学者和教育家罗典。过去，清风峡中遍布枫树，每到深秋时节，这里便是一片红叶的海洋，所以罗典将亭子命名为"红叶亭"，又叫"爱枫亭"。后来湖广总督毕沅觉得这里的景色十分切合唐朝诗人杜牧的那首诗一《山行》，就更名为"爱晚亭"。

图 4-3-4　爱晚亭

橘子洲位于湘江中心，由南至北，横贯江心，西望岳麓山，东临长沙城。

## 素养导读　"品"美入我心 ▶▶

湖南是红色热土、革命圣地，是伟人故里、将帅之乡，这里流传了很多伟人的故事，流传最广的当属毛主席的百衲衣。毛主席的百衲衣其实是他的一件补了 73 个补丁的苜蓿棉睡衣，这是中华人民共和国成立初期由东交民巷雷蒙服装店王子清师傅为他制作的，主席非常喜欢，一开始睡衣的肘部、领口、袖口开始有破洞，工作人员还能缝补，到后来实在无法补了，主席还是要求再补一补，以至于后来洗这件睡衣时，工作人员都不敢用手搓，只能放点洗衣粉，稍微浸泡一下，然后轻轻揉一揉。艰苦朴素、勤俭节约是毛主席一贯的作风。毛主席毕生所倡导的这种艰苦奋斗精神已成为我党宝贵的精神财富，值得我们每一个青年人去传承和发扬。

## 佳文导读　"析"美做实践 ▶▶

远上寒山石径斜，白云生处有人家。停车坐爱枫林晚，霜叶红于二月花。欢迎各位老师们来到"山水洲城"长沙做客，我是大家的导游员。今天我们参观的是被誉为中国四大名亭之一的爱晚亭。如果把岳麓山比作长

湖南省爱晚亭

沙的一顶皇冠，那么爱晚亭就是这顶皇冠上一颗璀璨的明珠。

爱晚亭悠悠然隐于岳麓山清风峡间，有着"无限夕阳千树叶，四围空翠一亭山"的秀丽风景，是岳麓山风景至幽至美的所在。它原名"红叶亭"，始建于清乾隆五十七年（1792年）。现在就请大家随我一同走进爱晚亭，一览其清悠淡远的盎然古形，一悟其朦胧若幻的悠然古意，一品其意蕴深远的卓然古唱吧。

爱晚亭之盎然古形体现在其建筑风格上。各位老师请看，爱晚亭是一座典型的中国古典攒尖顶亭子。它有上下两套顶棚，称为"重檐"，显得气势雄浑；屋顶采用四条斜脊，称为"四披"，表现出稳重端庄之美；"四披"向中心凝聚成一点而形成的顶棚结构就叫作攒尖顶，攒尖顶使亭子有一种向心的凝聚力，寓意着民族大团结，四海皆一心。这些都是中国传统文化中重"理"、重"立身"、重"中庸"、重"大一统"等儒家思想在古建筑学上的展现。

爱晚亭之卓然古唱则留下了毛主席的印迹。1913年到1923年间，青年毛泽东在长沙学习工作，曾多次登上岳麓山，与好友蔡和森等人在爱晚亭中，一起谈古论今，"恰同学少年，风华正茂，指点江山，激扬文字"。他们在亭中以墨传心、书写豪情，黑白间，尽是无声的呐喊。一点一画，支起中国脊梁；一提一按，激发民族脉动。点滴笔墨，注入到了这些有志青年的热血当中，在这里他们体悟着中国命运之魂。

如今，爱晚亭已成为古城长沙的重要标志。四季流转，往复不息，请大家跟随伟人脚步，健步登上爱晚亭，您是否能感受到年轻的毛泽东指点江山的万丈激情呢？真诚邀请您在最美的晚秋时节，来看满山红枫，层林尽染；体会"山水洲城"长沙的伟岸和主席的魅力。期待与您在爱晚亭的再次相遇！

## 实训演练 →

### 一、实训要求

小孙通过系统学习，已经储备了相关知识，掌握了湖南省的代表性文旅资源、作为旅行社实习导游员，他即将接待一个从湖北省来爱晚亭旅游的商务考察团。请帮小孙准备一篇湖南爱晚亭导游词并进行模拟讲解。

### 二、实施步骤

1.根据本节课所学内容对湖南概况进行总结，并搜集爱晚亭相关历史文化、名人轶事等背景素材，进行资料梳理和整合。

2.讲解前，做好仪容仪表、音量语速、手势走位等方面的准备。

3.请与小组成员分享你所写的导游词，并以小组为单位进行讲解展示，小组成员用评价表格进行点评，评出本组最优秀的讲解员。

# 专题五

## 华南地区 —— 连岭接海 文化交融

华南地区包括广东省、广西壮族自治区和海南省，是中国较为发达的地区之一。华南地区位于中国最南部，北与华中、华东地区相接，南面包括辽阔的南海和南海诸岛，海岸线曲折，港湾岛屿密布，成为全国拥有海岸线最长的地区。得天独厚的区位优势使其形成中外交融的岭南特色文化，也是我国著名的侨乡。

### 学习目标 →

1. 了解华南地区省份的基本情况和历史变迁；熟悉广东省、广西壮族自治区和海南省的文化艺术和特产美食代表；掌握华南地区著名的文化旅游景观。

2. 能够运用所学知识形成知识脉络；能够较流畅地对广东省、广西壮族自治区和海南省的概况进行导游讲解。

3. 树立对华南地区的优秀传统文化的自信心，为传播华南地区的文旅资源而自豪。

## 学习情境一　缤纷南粤 —— 广东省

广东省简称"粤"，省会广州市。因古地名广信之东而得名"广东"。广东珠三角9市联手港澳打造的粤港澳大湾区，成为与纽约湾区、旧金山湾区、东京湾区并肩的世界四大湾区之一。广东省主要的文旅资源有开平碉楼、丹霞山、孙中山故里、广州市白云山风景区等。

情境导入

　　小谷刚刚大学毕业，就职于广东羊城旅行社，虽然入职时间不长，但手脚勤快，在业务繁忙时，公司就逐渐让他单独接待旅游团队。随着工作的深入，他发现无论是沿途讲解还是景区景点讲解，都需要掌握关于广东省概况及景点的大量知识。你可以帮小谷做好知识整理和讲解服务的准备工作吗？

# 知识储备1　"习"美知天下

## 一、广东省基本概况

### （一）地理与气候

#### 1. 地理位置

　　广东省地处南海之滨，东临福建省，南邻南海，西接广西壮族自治区，北接江西、湖南两省，西南隔琼州海峡与海南省相望。全省总面积约 17.98 万平方千米，大陆海岸线长 4 114 千米，居全国首位。

#### 2. 气候特点

　　广东省北、南分属热带和亚热带季风气候，夏季长，春秋短，高温多雨。岭南无冬，但寒流南下仍有数日奇寒。台风偏多，干湿变化明显。

### （二）区划与交通

#### 1. 人口区划

　　2022 年年末，全省常住人口为 12 656.80 万人，其中城镇常住人口为 9 465.40 万人，全国排名第一。广东省下辖 21 个地级市，划分为珠三角、粤东、粤西、粤北 4 个区域，其中广州和深圳为副省级城市。深圳为计划单列市，深圳、珠海和汕头也是经济特区。

#### 2. 交通情况

　　广东省高速公路四通八达，构成"九纵五横二环"的大格局。铁路运输方面，广东省已形成以广州为中心"三纵二横"的主干线，有京广线、京九线、广深线、黎湛线、赣韶线等。高速铁路有武广线、广深港线、厦深线和贵广线、南广线等。广东拥有众多优良港口资源。广州港、深圳港、汕头港和湛江港已成为中国对外交通和贸易的重要通道。

## 二、广东省历史沿革

《吕氏春秋》中广东省被称为"百越"，《史记》中称"南越"，《汉书》中称"南粤"，"越"与"粤"通，故简称"粤"，泛指岭南一带地方。在历史长河中广州、广东的名称次第出现，逐渐演化成广东省及其辖境。

公元前 214 年，秦统一岭南，设置南海郡、象郡、桂林郡。公元前 204 年，赵佗在岭南建立南越国，建都番禺。公元前 111 年，西汉武帝平定南越国叛乱，在岭南先后设交趾刺史部、交州，辖岭南各郡县。三国时，岭南为吴辖地。226 年，从交州划置广州，地域占今广东、广西大半，州治番禺。广州之名由此始。唐代设岭南道，唐末分设岭南东、西道。东道辖今广东大部，道治广州。岭南地区东西分治自此始。917 年，刘䶮在岭南称帝，建南汉国。970 年，南汉国被北宋所灭。997 年，广南路分置广南东、西路，简称"广东""广西"。广东由此得名。明初，设广东行中书省，将海北海南道改隶广东。广东省辖境基本定型。不久，改称广东承宣布政使司。清初，布政使司改称省，辖境与明代相同。"广东省"名称正式使用。

# 知识储备 2 "赏"美增见识

## 一、广东省民族民俗

广东省是 56 个民族齐全的省份。世居少数民族有壮、瑶、畲、回、满族。广东省的民俗代表有舞狮和英歌。英歌是潮汕地区具有代表性的民间广场情绪舞蹈，以普宁、潮阳的英歌最有名。烧塔是中秋传统节日潮汕地区开展的一项民俗活动，相传它是汉人反抗元朝残暴统治的起义信号。广东最有名的就是丰顺的埔寨烧龙。人们会在节日的夜晚聚集在舞龙场，在大炮仗的巨响下观看绚烂的烧龙表演。广东人有饮早茶的习俗，早上见面，往往以"饮咗茶未"（意即"你喝茶了吗"）作为问候。

## 二、广东省风物特产

广东著名的特产有广式腊肠、广式点心、端砚、英石、新会陈皮、梅州金柚、罗定肉桂。此外，肇庆裹蒸、清远鸡、增城荔枝、英德红茶、阳春砂仁、韶关灵芝等特产也很受欢迎。

广绣作品有一个共同特点，远看非常醒目，近看又精细非常。目前保存完整、幅面尺寸最大的广绣为清光绪年间由广东十三省状元坊官绣的《寿鸾》刺绣。

## 知识储备 3 "述"美展自信

### 一、广东省文化艺术

#### （一）岭南文化

岭南文化是广东传统文化的代表之一，是广东历史和文化的重要组成部分，它是一种独特的文化现象，具有浓郁的地方特色。岭南文化的代表性建筑是岭南建筑，它是广东地区独有的一种建筑风格，以其精美的雕刻和独特的结构风格而闻名。岭南文化还包括广东音乐、舞蹈、戏曲、绘画、雕塑等多种艺术形式，这些艺术形式都有着丰富的历史和文化内涵。岭南画派是中华人民共和国成立后最具影响力、最优秀的画派之一。岭南画派与粤剧、广东音乐被称为"岭南三秀"，其创始人为高剑父、高奇峰、陈树人。

#### （二）文学曲艺

唐代诗人中，来自岭南的张九龄是当之无愧第一人。《唐诗三百首》开篇即收录其《感遇》二首。千年前的一个夜晚，张九龄望着月亮自海面升起，想象远在天涯的有情人和自己一样，也在望月而遥相思念着，"海上生明月，天涯共此时"的佳句穿越时空成为现代人面对此情此景时共同的情感密码。

广东的戏曲剧种有粤剧、潮剧、广东汉剧、采茶戏、雷剧、琼剧（亦称"琼州戏""海南戏"）等。以粤剧、潮剧、广东汉剧流行最广、影响最大、观众最多。粤剧流行于粤语方言地区，唱腔优美，具有丰富的表现力和感染力，影响遍及粤语华人地区，有"南国红豆"的盛誉。

### 二、广东省旅游资源

截至 2023 年，广东省现有世界文化遗产 2 处，分别是韶关丹霞山和开平碉楼与村落；国家 5A 级旅游景区 15 处；全国重点文物保护单位 131 处；国家级旅游度假区 2 处；人类非物质文化遗产代表作名录项目 4 项，主要包括粤剧、剪纸、中国针灸、皮影戏，国家级非物质文化遗产代表性项目 165 项，省级非物质文化遗产代表性项目名录 816 项，居全国前列。

#### （一）开平碉楼与村落（世界文化遗产，5A 级景区）

开平碉楼与村落（图 5-1-1）位于广东省江门市下辖的开平市境内，是集防卫、居住和中西建筑艺术于一体的多层塔楼式建筑，也是中国乡土建筑的一种特殊类型。在开平的城镇农村，碉楼星罗棋布，随处可见，多的一个村有十多座，少的一个村也有两三座。开平碉楼区别于其他古碉楼的特点是，它将中国明清及民国时期的岭南乡村建筑文化与西方建筑文化进行了有机融合，例如古希腊的柱廊、古罗马的柱式、拱券和穹隆等，具有中西合璧的特点。

图 5-1-1　开平碉楼与村落

### （二）韶关丹霞山（世界文化遗产，5A 级景区）

韶关丹霞山（图 5-1-2），是世界"丹霞地貌"的命名地，由 680 多座顶部平坦、岩壁陡峭、坡麓和缓的红色砂砾岩所构成。韶关丹霞地貌的发育，始于第三纪的喜马拉雅造山运动。距今 1.4 亿年至 7 000 万年的白垩纪期间，韶关丹霞山地区发生断裂，形成一个较大的内陆盆地。进入第三纪后，盆地内沉积了大量的陆相碎屑沉积物，经过长年的压实与胶结，形

图 5-1-2　韶关丹霞山

成了巨厚的红色地层。第三纪末期，受喜马拉雅运动的影响，红色岩层在上升的同时发生断裂，并形成较深的垂直裂隙。之后，数百万年以来，盆地还发生过多次间歇上升，平均大约每 1 万年上升 1 米，同时受到水流的下切侵蚀，红色沉积层被切割成一组组的红色山群，也就是现在的丹霞山地。

### （三）白云山（5A 级景区）

白云山（图 5-1-3），位于广州市东北部，由 30 多座山峰组成，面积 20.98 平方千米，主峰摩星岭海拔 382 米。白云山为南粤名山之一，自古就有"羊城第一秀"之称。白云山山体宽阔，峰峦叠嶂，溪涧纵横，自古以来就是广州著名的风景胜地。"白云晚望""景泰僧归""蒲涧濂泉"等美景均被列入古代"羊城八景"之中。

图 5-1-3　白云山

### （四）孙中山故居（5A 级景区）

孙中山故居（图 5-1-4），位于广东省中山市翠亨村，是以孙中山故居建筑为主体而建立的，兼具纪念馆、中山市民俗博物馆和中山市孙中山研究所功能。孙中山先生的故居占

地约 500 平方米，其中建筑面积约 340 平方米，外有围墙环绕着庭院。庭院正门朝西开，门外南侧立有"全国重点文物保护单位"和"孙中山故居"的石刻碑匾。

图 5-1-4　孙中山故居

## 素养导读　"品"美入我心

　　广东是北回归线上的一颗璀璨明珠。岭南的毓秀山水，时而奇伟壮丽、时而柔婉清丽，构成了有"千里画廊"之称的自然美景。近 10 列东北——西南走向的山脉纵贯全境，珠江、韩江等多条河川流经其间，海岸曲折漫长，岛屿众多，是一个"山川纵横，陆海相荡"、地理构成复杂多样的岭南省份。海洋与陆地激荡，造就了广东开放包容的多元文化，广府文化、客家文化、潮汕文化既相对独立又相互融合。广东还是中国改革开放的经济排头兵，在我国现代化建设全局中具有举足轻重的地位。这里既有悠韵无限的岭南园林，也有往事如烟的风情小镇……如果说广东是一幅画卷，那么，这幅画卷上，每一笔都是动人的风景，每一笔都有广东特有的韵味。

## 佳文导读　"析"美做实践

广东丹霞山

　　在广东韶关市有一片神奇的山地，红色的山崖红色的石，远远望去就好像一层层赤城和一片片云霞，您知道这是哪里吗？这位嘉宾说对了，它就是"色如渥丹灿若明霞"的国家地质公园丹霞山。

　　各位嘉宾，大家好！欢迎来到国家 5A 级景区丹霞山参观游览。丹霞山景区位于广东省韶关市仁化县，方圆 180 平方千米的区域内有着不同体量、不同大小的石峰、石堡、石墙、石柱 680 多座，大多数海拔在 300~400 米，主峰巴寨海拔 618 米。这里群峰如林，形态各异，宛若一座红宝石雕塑园，另外丹霞山又有"中国红石公园"之称。

各位嘉宾请随我继续往前走，现在我们所处的位置就是阳元山了，大家请随我手指的方向看，那里就是丹霞山最负盛名的"阳元石"，它又被誉为"天下第一奇石""天下第一绝景"。阳元石耸立在离地200多米高的山坡上，它高28米，直径7米，据联合国权威专家估算，阳元石已经有30万年的历史了，由于风化作用，再加上沉积岩层有软有硬，阳元石就从石墙上分离出来，形成了今天的奇观，每一位来到阳元山目睹了阳元石的人都无不惊叹于大自然奇妙的鬼斧神工。

我们现在来到了长老峰景区，这里是丹霞山历史最悠久的游览区，由长老峰、海螺峰、宝珠峰三峰构成，最高海拔处409米。与众多名山相比，长老峰算不上高，也算不上大，但是，它集黄山之奇、华山之险、桂林之秀于一体，具有一险、二奇、三美的特点。长老峰游览区由三级绝壁和三级崖砍构成三个典型的赤壁丹霞景观。

当我们有机会伫立在长老峰看红日自天边一点点跳跃而出时，看到刹那间萦绕在半山的云海被镀上一层金光时，就真正领略到了丹霞山"色如渥丹，灿若明霞"的奇诡景象。丹霞山的魅力不仅仅在于它令人叹为观止的自然风光，还在于其留下的千百年来时间的印记。丹霞山，属于历史，更属于未来。

## ▌ 任务实施 →

### 一、任务要求

小谷通过系统学习，已经储备了相关知识，掌握了广东省的代表性文旅资源，即将接待一个从云南省来丹霞山旅游的商务团。请帮小谷准备一篇丹霞山的导游词并进行模拟讲解。

### 二、实施步骤

1. 根据本节课所学内容对广东概况进行总结，并搜集丹霞山相关历史文化、丹霞奇观等背景素材，进行资料梳理和整合。

2. 讲解前，做好仪容仪表、音量语速、手势走位等方面的准备。

3. 请与小组成员分享你所写的导游词，并以小组为单位进行讲解展示，小组成员用评价表格进行点评，评出本组最优秀的讲解员。

## 学习情境二 八桂风光 —— 广西壮族自治区

广西简称"桂",又称"八桂""桂海",首府为南宁市。广西的名称因宋代所建立的行政单位——"广南西路"(简称"广西路")而得来。这里盛产桂树,公元前214年,秦王朝一统百越,设桂林郡,就是因桂林盛产桂树、桂花而命名,故广西简称"桂"。古代典籍《山海经》有"桂林八树,在贲隅西"的记载,"八桂"也成为广西的别称之一。广西主要的文旅资源有桂林山水、阳朔山水、左江花山岩画、德天瀑布、北海银滩等。

### 情境导入

小秦是广西"乐游"旅行社研学部的部门主管,最近公司接到一所初中的邀请,帮该校初中1~2年级的学生设计几条研学旅行路线。于是,小秦在练习导游词的同时开始着手整理广西的基本知识。你可以帮助小秦做好整理资料及讲解服务的准备工作吗?

## 知识储备1 "习"美知天下

### 一、广西基本概况

#### (一)地理与气候

**1. 地理位置**

广西壮族自治区地处我国南疆。东南邻北部湾与海南隔海相望,西南与越南交界,东连广东,东北接湖南,西北邻贵州,西与云南接壤。全区面积约23.76万平方千米。

**2. 气候特点**

广西属亚热带温润季风气候。气候温和,阳光充足,雨量充沛,夏长而炎热,冬季日照时间短、天气干暖。

### （二）区划与交通

#### 1. 人口区划

截至 2022 年年末，广西壮族自治区常住人口为 5 047 万人。广西壮族自治区行政区划为 14 个设区市，分别是南宁市、柳州市、桂林市、梧州市、北海市、防城港市、钦州市、贵港市、玉林市、百色市、贺州市、河池市、来宾市和崇左市。

#### 2. 交通情况

广西已构建了一个公路、铁路、水路和民用航空四通八达的立体交通网络体系，正逐渐从"路网末梢"转变为中国—东盟区域性国际交通枢纽。广西境内有 5 条国家干线铁路，基本形成北通、南达、东进、西连的现代化路网格局。广西目前已有 11 个民航机场，分别在桂林、南宁、北海、柳州、梧州、百色、河池等地，形成了以桂林、南宁为中心的旅游航空网，东盟航线在全国排名前列。

## 二、广西历史沿革

在先秦时期，广西是百越的一部分。古时称分布于今天浙、闽、粤、桂等地的南部少数民族为"越"，因部落众多，故称为"百越"。秦朝，广西地区正式纳入中央王朝版图，分属桂林郡和象郡。秦末汉初，属赵佗建立的南越国。汉武帝时，分属苍梧、郁林、合浦三郡。唐咸通三年（862 年），属岭南西道，基本形成了广西地区后来行政区疆域的轮廓。宋初，属广南路；至道三年（997 年），广南路分为广南东路和广南西路，今广西地区大部属广南西路，广西之名源于此。元朝，属湖广行中书省；至正二十三年（1363 年）置广西行省，为广西设省之始。明代为广西承宣布政使司，广西名称由此固定下来。清朝复设广西省。民国时期，广西仍设省。1950 年 2 月，广西人民政府在南宁成立。1958 年 3 月 5 日，广西壮族自治区第一届人民代表大会第一次会议召开，宣告广西壮族自治区成立。

## 知识储备 2 "赏"美增见识

## 一、广西省民族民俗

广西少数民族众多，是全国少数民族人口最多的省（区）。境内有壮、汉、瑶、苗、侗、仫佬族、毛南、回、京、彝、水、仡佬 12 个世居民族。另有满、蒙古、朝鲜、白、藏、黎、土家等 44 个其他民族成分。广西是全国仡佬族、瑶族人口最多的地区；京族是广西独有的世居少数民族；环江毛南族自治县是全国唯一的毛南族自治县；仡佬族是广西世居民族中人口最少的民族。

壮族每年三月三日的歌圩节，是壮族人民最热闹的节日；苗族的"苗年"是庆祝丰收的传统节日；瑶族的"盘王节"是祭祀祖先的传统节日；京族作为我国重要的海洋民族，有盛大的祭祀海神活动。

## 二、广西风物特产

广西特产门类繁多，品种丰富。工艺品有壮锦、壮族绣球、苗族蜡染、铜鼓、北流瓷器、桂林根雕、北海贝雕、合浦珍珠、阳朔画扇、临桂三皮画、博白编织、龙州砧板等。名酒有桂林三花酒（"米酒之王"）、合浦东园家酒等。名茶有梧州六堡茶、桂平西山茶、大新苦丁茶、覃塘毛尖茶、桂林桂花茶等。

广西的特色菜品有阳朔啤酒鱼、荔浦芋扣肉、全州醋血鸭、梧州纸包鸡、白果炖老鸭、壮族血肠、侗家酸鱼等。特色小吃有桂林米粉和马蹄糕、南宁肥肉粽和老友面、梧州艇仔粥和冰泉豆浆、柳州螺蛳粉、玉林牛肉巴、壮族五色糯米饭等。

# 知识储备 3 "述"美展自信

## 一、广西文化艺术

### （一）铜鼓文化

铜鼓有着两千多年的悠久历史，从上古春秋一直到明清时期，都有铸造和使用。铜鼓，顾名思义，就是用铜和少量锡、铅等物质铸造的鼓，是多个少数民族人民最具代表性的民间乐器。1972 年在广西北流县元靖镇水冲庵发现的云雷纹大铜鼓，鼓面直径 165 厘米，高 67.5 厘米，重达 300 千克，是目前发现的最大的铜鼓，被称作"铜鼓之王"。

铜鼓按照不同的形制和花纹，可分为八个类型：万家坝型、石寨山型、冷水冲型、遵义型、麻江型、北流型、灵山型、西盟型。传承千年的铜鼓文化是我国多个少数民族智慧的结晶，如今已成为广西民族文化的"活化石"，精美绝伦的铜鼓，一定会在勤劳淳朴的各族人手中一直敲响，余音不绝。

### （二）文学曲艺

广西民间文学的形式主要有民间神话、民间故事、民间传说、民间长诗等。壮族的《布洛陀》和瑶族的《密洛陀》是广西民间叙事长诗的杰出代表和创世史诗。

广西是"歌仙"刘三姐的故乡，被誉为"民歌的海洋"。汉族"山歌"、壮族"欢歌"、苗族"飞歌"、侗族"大歌"、瑶族"香哩歌"、京族"唱哈"等各具特色，广西壮族的春牛舞、扁担舞、师公舞、采茶舞、铜鼓舞等主题鲜明，流行广泛。长鼓舞、铜鼓舞是瑶族民间舞蹈。芦笙舞，又称"踩堂舞"，场面宏大，是苗族最具代表性的民间舞蹈。毛南族的木面舞、仡佬族的牛筋舞也颇有特色。

广西的少数民族戏曲有壮剧、侗戏、苗戏、毛南戏等，还有桂剧、粤剧、彩调剧、桂南采茶戏等十余种地方戏曲剧种。桂剧俗称"桂戏"或"桂班戏"，入选首批国家级非物质文化遗产名录。

## 二、广西旅游资源

广西拥有世界遗产 3 处：中国南方喀斯特（桂林、环江），左江花山岩画；拥有国家 5A 级旅游景区 9 处：南宁青秀山风景旅游区、桂林漓江景区、桂林两江四湖·象山景区、桂林独秀峰·靖江王城景区、桂林乐满地度假世界、崇左德天跨国瀑布景区、百色起义纪念园、北海涠洲岛南湾鳄鱼山景区、贺州黄姚古镇景区；拥有国家级旅游度假区 3 家：桂林阳朔遇龙河旅游度假区、大新明仕旅游度假区、北海银滩国家旅游度假区。

### （一）桂林山水（世界文化遗产，5A 级景区）

桂林地处广西东北部，属亚热带气候，具有典型的喀斯特地貌，这里的山，是亿万年前的海底岩石在地壳运动时升上地表，加上流水对岩石的岩溶作用、风的侵蚀作用等众多因素综合影响而形成的。象鼻山位于漓江与桃花江汇流处，原名漓山，也叫仪山、沉水山，酷似一只站在江边伸鼻饮水的巨象，是公认的桂林山水（图 5-2-1）的象征。象鼻山海拔不高，象鼻和象腿之间通透的洞名为"水月洞"，漓江水能流贯其间，远远看去，如同一轮明月漂浮在水上，"水底有明月，水上明月浮"，自然奇景让人叹为观止，当地人把这美景叫作"象山水月"。

图 5-2-1　桂林山水

### （二）花山岩画（世界文化遗产，5A 级景区）

花山岩画（图 5-2-2），在壮语中"花山"叫作"芭莱"，即"岩画"之意，它已有 2 000 年的历史。所有图画都是用鲜红色的颜料画成，色彩鲜艳夺目，形态各异。岩画宽 220 米，高 45 米，有人物 1 800 多个，规模之大，世间罕有。那些险要的峭壁，寻常人登到峭壁顶尚且吃力，何况是在陡壁上作画。在那个科技水平仍不发达的时代，人们很难想象，壮族先民们是如何将如此巨幅的岩画绘制在崖壁之上的。

图 5-2-2　花山岩画

### （三）黄姚古镇（5A 级景区）

黄姚古镇（图 5-2-3），位于广西昭平县，距县城约 70 千米，地处漓江下游，方圆 3.6 平方千米。这里具有典型的喀斯特地貌，溶洞幽深，溪流清澈。全长 10 多千米的 8 条石板街环绕小镇，300 多座独具岭南风格的古建筑按九宫八卦格局有序排列。有人形容这里是"有山必有水，有水必有桥，有桥必有亭，有亭必有联，有联必有匾"，自然风光秀丽，人文气息浓厚，素有"诗境家园"之美誉。

图 5-2-3　黄姚古镇

### （四）德天瀑布——亚洲第一大跨国瀑布（5A 级景区）

德天瀑布（图 5-2-4）地处中越边境，与越南板约瀑布相连，是世界第二大、亚洲第一大跨国瀑布。德天瀑布风景区内有国家级景点 40 余处，翠山碧水，奇峰古树，大自然的鬼斧神工俱汇于此，是远近闻名的天然"山水画廊"。德天瀑布发源于我国广西壮族自治区靖西县，主体宽 100 米，纵深 60 米，落差 70 米，总宽 208 米，瀑布飞流随汤浦岛山势分为三级跌落，也正因如此，让德天瀑布具有了其他瀑布所不具备的亲和力。

图 5-2-4　德天瀑布

## 素养导读　"品"美入我心

广西壮族自治区地处祖国南疆，山水秀丽、四季如春、物产富饶，拥有最为典型的喀斯特地貌，境内多高山盆地，气候属亚热带季风气候，降水量充足，矿产资源丰富，动植物种类繁多。

广西大地山水如画，近年来持续深入打好蓝天、碧水、净土三大保卫战，积极建设美丽河湖，生物多样性得到有效保护，森林覆盖率、生物多样性丰富度稳居全国第三位。沿海红树林生机盎然，保护生态环境就是保护生产力，改善生态环境就是发展生产力，人与自然和谐共生。广西人世世代代在这块沃土上繁衍生息，辛勤耕耘，勇敢开拓，用自己非凡的智慧，描绘出一幅幅波澜壮阔的历史画卷。

广西阳朔

## 佳文导读　"析"美做实践

各位老师，大家好！欢迎您来到广西，我是导游员小秦，很高兴为您服务，今天我们要游览的是位于桂林东南的一处绝美风光——阳朔。正所谓"桂林山水世争霸、阳朔奇峰另一家"。

不知各位老师是否留意，打开新版的 20 元人民币，我们会在它的背面看到一幅美丽的山水画卷，画中展示的便是我们今天的目的地——"无水无山不入神"的漓江阳朔，从画面上我们不难看出阳朔的美丽和独特，这里青峰环绕、植被茂盛，漓江水娓娓波光澄澈如镜，看到画面的第一眼您是不是也会心生向往呢？

好，下面就请各位老师随我一起泛舟漓江，共同来体验阳朔"江作青罗带"的秀美风光吧。现在我们就从杨堤登舟，船行至画山，大家请往右侧看，五峰相拥，邻水一侧峭壁如削，绿树掩映，黄、白各色石头自然构成了一幅巨画，细心的老师已经发现了，这幅画仿佛有数匹骏马，或立或卧，藏于画中，这便是著名的"九马画山"了。同桂林地区的众多山峰一样，画山也是亿万年前的海底岩石在地壳运动中升上地表，经过水和风的侵蚀作用，才形成今天如画壁般的美景，大自然的神功造化，令人叹为观止！

我们的船现在已经行驶到人称"小漓江"的遇龙河，它是漓江在阳朔境内最长的一条支流，如果说阳朔之美与桂林大同小异，那么温婉纯净的遇龙河则绝对可以在美的形式上与之分庭抗礼。难怪世界著名园林专家卡尔在徒步考察了遇龙河风景后，曾激动地赞叹："游览了众多美景，终于在中国看到了最美丽的地方。"

老师们，请小心脚下，我们现在下船，前方就是阳朔县那古色古香的地球村"西街"了，让我们去走一走看一看吧。阳朔不仅山水风光如诗如画，文化遗产也十分丰富，山水之间，古城、古建、古桥以及摩崖石刻、名人故居等都默默见证着阳朔的历史与辉煌。除了纯真质朴，豁达开放，西街还承载着浓郁的历史人文气息，如近代领袖孙中山曾在这里演讲，著名画家徐悲鸿先生曾在这里居住，不同国家的首脑如克林顿、撒切尔夫人等都曾到这里参观游览过。

如今的西街是众多"小资"们的休闲之地，文化的碰撞与交流，使西街又重新焕发光彩，以新的姿态广迎四方来客，阳朔欢迎您！

各位老师，我们今天的阳朔之行到这里就结束了，期待下次再相逢，再见！

## 实训演练

### 一、实训要求

小秦通过系统学习，已经储备了相关知识，掌握了广西的代表性旅游资源，即将接待一个从河南省来桂林阳朔旅游的疗养团。请帮小秦准备一篇阳朔导游词并进行模拟讲解。

### 二、实施步骤

1. 根据本节课所学内容对广西概况进行总结，并搜集阳朔相关历史文化、秀美风光等背景素材，进行资料梳理和整合。

2. 讲解前，做好仪容仪表、音量语速、手势走位等方面的准备。

3. 请与小组成员分享你所写的导游词，并以小组为单位进行讲解展示，小组成员用评价表格进行点评，评出本组最优秀的讲解员。

## 学习情境三　度假天堂 —— 海南省

"碧海连天远，琼崖尽是春。"这十个字将海南自然环境的天然美和社会发展的盎然生机鲜活地组成一幅意境图。海南是中国内地唯一的热带海岛省份，夏无酷暑，冬暖如春，自然、人文资源丰富，生态环境质量始终居于全国领先水平，是中国最"热点"的旅游地区之一。海南省主要的人文旅游资源有五指山、三亚、亚龙湾、尖峰岭、石山火山群、天涯海角等。

## 情境导入

　　小孟是海南某小学的综合实践教育课老师，开学后学校领导交给小孟一项任务，要求他根据本校五年级学生的学情，制定一份完善的"爱我家乡海南游"综合实践活动方案。于是，小孟在整理导游词的同时开始着手整理海南省的基本知识。你可以帮小孟做好整理相关资料和讲解服务的准备工作吗？

# 知识储备1 "习"美知天下

## 一、海南省基本概况

### （一）地理与气候

#### 1. 地理位置

　　海南省简称"琼"，地处南海，北隔琼州海峡与广东省相对，西濒北部湾与越南遥望，南达曾母暗沙，东南临辽阔的太平洋。全省陆地总面积约3.4万平方千米，海域面积约200万平方千米，是我国海域面积最大的省份。海南岛是国内仅次于台湾岛的第二大岛。

#### 2. 气候特点

　　海南岛属热带季风海洋性气候。基本特征为：四季不分明，夏无酷热，冬无严寒，气温年较差小，年平均气温高；干季、雨季明显，冬春干旱，夏秋多雨，多热带气旋。

### （二）区划与交通

#### 1. 人口区划

　　截至2022年年末，海南省常住人口为1 027.02万人。海南省辖海口市、三亚市、三沙市、儋州市4个地级市。省辖3个地级市、6个县级市、4个县、6个自治县、8个市辖区。省会为海口市。

#### 2. 交通情况

　　海南岛外运输以水运和空运为主，岛内运输以公路和铁路为主。海南有海口美兰、三亚凤凰、琼海博鳌和三沙永兴4个机场。海南岛与内地可通过粤海铁路乘火车直达，是世界上唯一有环岛高铁的岛屿。海南岛形成了"四方五港"格局，客运渡轮在琼州海峡穿梭运营；三亚邮轮港成为国内主要邮轮港之一，不仅接待世界主要邮轮，还开通至中国西沙及越南的邮轮航线。海南岛公路网已建成以"田字形"高速公路为主骨架，国省道为主动脉，县乡村道支干相连，贯通东西南北、辐射全岛的公路网络。

## 二、海南省历史沿革

历史上海南岛有三种古称：珠崖、儋耳、琼台。根据考古已发现的新石器时代的 200 处遗址和历史文献来推断，约 1 万年前海南岛就有古人类"三亚人"活动。公元前 110 年，西汉王朝在海南岛设珠崖、儋耳两郡，标志着中央政权对海南直接管理的开始。唐代，海南设崖州、儋州、振州、万安州、琼州，海南简称"琼"，源于唐代的琼州。明初设琼州府，辖儋州、崖州、万州 3 州 13 县，并将南海诸岛改归崖州管辖。清代基本沿袭明制。民国时期，海南行政机构先后有多种称谓。1950 年 5 月，海南岛解放，设海南行政区公署，并在中、南部少数民族地区成立海南黎族苗族自治州。1988 年设立海南省和海南经济特区。

# 知识储备 2　"赏"美增见识

## 一、海南省民族民俗

海南省世居的民族有黎、苗、回、汉族。黎族是海南岛上最早的居民。海南文化同内地一脉相承，并在热带海岛环境中形成并保持了独特的民俗风情。在海口以琼山府城为主的区域，每年正月十五举行换花节成为迎接新春、交朋结友的特色民俗。此节源于原来的换香习俗，意指香火不断、子孙绵延。

海南省是我国著名侨乡之一，侨乡风情构成海南人文景观的一部分。骑楼建筑兼具南洋风格与中国建筑风格，粗茶细点的"老爸茶"这种独特的交流和休闲方式，也带有国外习俗的色彩。

## 二、海南省风物特产

海南省黎族民间织锦有悠久的历史，产于海南省的黎族居住区，被称为我国纺织史上的活化石。宋朝以前，黎族人的棉纺织技术远远领先于中原汉族，元朝黄道婆将黎族的纺纱、织布等技术加以改进传播到内地，迅速推动了长江下游棉纺业的发展，掀起了被海内外学者称誉的持续数百年的"棉花革命"，使棉织品取代麻织品成为生活必需品，黄道婆被后人誉为"衣被天下"的女纺织技术家。黎锦制作精巧，色彩鲜艳，富有夸张和浪漫色彩，图案花纹精美，在纺、织、染、绣方面均有本民族特色。黎锦以织绣、织染、织花为主，刺绣较少。

海南传统四大名菜是文昌鸡、和乐蟹、嘉积鸭和东山羊；风味小吃有椰丝糯米粑、黎家竹筒饭、海南鸡饭等。海南美食的特点是食材新鲜，取料天然，名字奇特，来源丰富。

## 知识储备 3　"述"美展自信

### 一、海南省文化艺术

#### （一）海洋文化

海南，从文化的角度来说，是一个多姿多彩的地方。海洋文化作为海南的一个文化标志，源远流长、内涵丰富。海南的文化艺术在本地基调上显现出移民区域的多元特色：有黎族歌舞、儋州"调声"、本地琼剧、人偶戏、"哩哩美"渔歌、蛋家人咸水歌、民间八音及南洋风情舞蹈等。

海南有一批不同于其他省区的民间节庆和旅游节庆，民间节庆有换花节、洗夫人文化节、儋州中秋歌节、公期等。黎族的打柴舞、上巳节、民歌、竹木器乐、船形屋营造技艺、服饰等均已列入了国家级非物质文化遗产代表性项目名录。

#### （二）文学曲艺

海南的文学艺术最早表现于记录黎族神话传说的民歌等口头文学形式，如《亚贵和亚贝的故事》《五指山传》等。苏东坡被贬海南后敷扬文教，使乡人多受其惠，使海南文学艺术得到了发展。

琼剧又称琼州剧、海南戏，是当地的本土文化象征之一。2008 年，琼剧入选第二批国家级非物质文化遗产名录。琼剧是南方戏剧中的一个支系，主要以海南话为戏曲语言，因此流行地域亦仅限于海南岛及两广之间。

### 二、海南省旅游资源

海南有国家 5A 级旅游景区六处，分别是三亚南山文化旅游区、三亚南山大小洞天旅游区、保亭县呀诺达雨林文化旅游区、陵水县分界洲岛旅游区、保亭县海南槟榔谷黎苗文化旅游区、三亚市蜈支洲岛旅游区。

### （一）三亚南山文化旅游区（5A 级景区）

南山文化旅游区（图 5-3-1）是国家首批 5A 级景区，规划面积 34.7 平方千米，其中海域面积 13.3 平方千米。自 1998 年开园以来，南山文化旅游区先后组织建设了佛教文化苑、观音文化苑、福寿天地、南海风情、大门景观区等大型文化旅游项目，更有举世瞩目的 108 米海上观音圣像。观音圣像一体化三尊，造型挺拔，气势恢宏。南山文化旅游区作为三亚、海南最大规模、建设最为完善的大型佛教主题景区，已成为海南旅游的重要标志。

图 5-3-1 三亚南山文化旅游区

### （二）三亚市亚龙湾国家级旅游度假区

亚龙湾（图 5-3-2），距三亚市 28 千米，在海南最南端的半月形海湾，而今已经名满天下。亚龙湾海滩全长 7.5 千米，一边是细细的白沙，一边是湛蓝的大海。行走在这样的地方，阳光像被水洗过一样清澈，海风徐徐拂面，带给人们的是心灵的静寂、灵魂的洗涤。在《中国国家地理》杂志评选的中国最美的地方排行榜中，亚龙湾稳坐中国最美的海岸头把交椅。亚龙湾国家旅游度假区是我国唯一具有热带风情的国家旅游度假区，是一个拥有滨海公园、豪华别墅、会议中心、高星级宾馆、度假村、海底观光世界、海上运动中心等国际一流水准的旅游度假区。

图 5-3-2 亚龙湾国家级旅游度假区

### （三）大小洞天（5A 级景区）

大小洞天（图 5-3-3）古称鳌山大小洞天，位于三亚市区以西 40 千米的海滨，总面积 22.5 平方千米，景区已有 800 多年的历史。大小洞天风景区以其秀丽的海景、山景和石景号称"琼崖第一山水名胜"。这里崖州湾弧弦百里、碧波万顷，鳌山云深林翠、岩奇洞幽，遍布神工鬼斧般的大小石群。山海之间宛如一幅古朴优美的山海图画，历代文人骚客莫不钟情于这一方山水。

图 5-3-3　大小洞天

## 素养导读　"品"美入我心

海南这个中国唯一的热带海岛省份，从自然上来说，碧海蓝天、热带雨林是它的象征；从历史上来说，1 万年前这里就有人类活动；从文化上来说，这里有蔚蓝的海洋文化、厚重的历史积淀，是中国对外交往的桥头堡；从现代进程来说，这里是中国最具发展前景的国际旅游岛，有中国航天走向新时期的海上卫星城。如今的海南作为中国自由贸易港，以"与世界最先进技术、设备、药品保持同步"为建设目标，取得了骄人的建设成果，海南，就是中国最光辉、最璀璨的南海明珠。

海南天涯海角

## 佳文导读　"析"美做实践

"请到天涯海角来，这里四季春常在。海南岛上春风暖，好花叫你喜心怀。三月来了花正红，五月来了花正开。八月来了花正香，十月来了花不败……"一曲《请到天涯海角来》曾经唱红了大江南北，更让人们记住了声名赫赫的海南的天涯海角。

各位嘉宾，大家好！欢迎您来到"碧海连天远，琼崖尽是春"的海南省。我是导游员小孟。今天我们要游览的是位于海南三亚市的天之涯海之角——"天涯海角"，可能有的嘉宾要问了，为什么海南天涯海角的名气这么大呢？其实从地理位置上来说，海南本身就有它独特的优势，同时如果没有李德裕的"鸟飞犹是半年程"，没有杨炎的"崖州何处在，生度鬼门关"，没有苏轼的"九死南荒吾不恨，兹游奇绝冠平生"的诗句，恐怕海南的天涯海角依然会默默无闻。

各位嘉宾，您是否留意过 2 元人民币的背面有一组风景图片？图片就是我们今天来到的天涯海角。这里以山海之形胜，列奇石之嶙峋，椰树摇曳，碧浪接天，造就了海南的一派胜境。天涯海角风景名胜区具有极高的科学功能价值，主要表现在其独有的资源及实质意义上的不可再生性。天涯海角的地理位置是在"家之远，国之南"的海外孤岛上，不仅有天之边缘、海之尽头的感觉，而且营造了孤悬海外、悲寄思奇的氛围，吻合了名流志士、文人墨客的心理需求。

天涯海角到了，请各位嘉宾带好贵重物品随我下车，大家请看这几块天涯石，看起来平淡无奇，但从造型来看，确实像"崖"字的巨像，立在沙滩邻着海水，孤崖陡峭，有远离他乡之感，这种自然与人文意境的有机结合，无论是偶然还是必然，都形成了天涯海角独一无二的奇特景观。

来到天涯海角景区，您除了能游览观赏到自然与人文景观外，相信我们每个人都会触发各种各样的联想和感悟，如"海上生明月，天涯共此时"的亲情，"海内存知己，天涯若比邻"的友情，"海角尚非尖，天涯更有天"的超然以及"开阔天空"的豁达。

## 实训演练　→

### 一、实训要求

小孟通过系统学习，已经储备了相关知识，掌握了海南省的代表性文旅资源，即将组织接待一个从广西某小学到天涯海角的学习实践团，请帮小孟准备一篇天涯海角导游词并进行模拟讲解。

### 二、实施步骤

1.根据本节课所学内容对海南概况进行总结，并搜集海南相关历史文化、奇特景观等背景素材，进行资料梳理和整合。

2.讲解前，做好仪容仪表、音量语速、手势走位等方面的准备。

3.请与小组成员分享你所写的导游词，并以小组为单位进行讲解展示，小组成员用评价表格进行点评，评出本组最优秀的讲解员。

## 专题六

# 西南地区 —— 山奇水异 多彩民俗

西南旅游区包括重庆市、四川省、贵州省和云南省，共计4个省级行政单位，其中四川盆地是该地区人口最稠密、交通最便捷、经济最发达的区域。西南地区是中国21世纪以来实施"西部大开发战略"的重要发展区域之一，也是中国有色金属工业发展和战略储备的重要基地。本地区矿产资源种类多、储量大，已发现矿种130种，有色金属约占全国储量的40%；同时也是中国现生猕猴属种类最多的地区，还是古今大熊猫分布的主要地区之一。

## 学习目标 →

1. 了解西南地区省份的基本情况和历史变迁；熟悉重庆市、四川省、贵州省和云南省的文化艺术及特产美食代表；掌握西南地区著名的文化旅游景观。

2. 能够运用所学知识形成知识脉络；能够较流畅地对重庆市、四川省、贵州省和云南省的概况进行导游讲解。

3. 树立对西南地区的优秀传统文化的自信心，为传播西南地区的文旅资源而自豪。

## 学习情境一  魅力山城 —— 重庆市

重庆是一座独具特色的"山城、江城、雾都"，因嘉陵江古称"渝水"，故简称"渝"。重庆市是中华人民共和国直辖市，长江上游地区的经济、金融、科创、航运和商贸物流中心，西南地区综合交通枢纽和最大的工商业城市，西部大开发重要的战略支点，"一带一路"和长江经济带的重要联结点及内陆开放高地。

情境导入

　　小木是大足旅行社的一名导游。石窟雕刻艺术在我国甚为流传，佛像造型独特、引人入胜，小木精心准备了大足石刻的导游词，为了让游客更好地了解重庆，她还需要准备重庆概况的相关内容。你可以帮小木做好讲解服务的准备工作吗？

# 知识储备1　"习"美知天下

## 一、重庆市基本概况

### （一）地理与气候

#### 1. 地理位置

　　重庆市位于中国内地西南部、长江上游地区，地界渝东、渝东南临湖北和湖南，渝南接贵州，渝西、渝北连四川，渝东北与陕西和湖北相连。地域面积8.24万平方千米。

#### 2. 气候特点

　　重庆市气候温和，属亚热带季风性湿润气候，重庆多雾，素有"雾都"之称。重庆雾多，是由重庆地理环境所形成的。

### （二）区划与交通

#### 1. 人口区划

　　重庆市是中国人口最多的直辖市。截至2022年年末，重庆市常住人口为3 213.34万人。重庆市辖渝中区、大渡口区、江北区、沙坪坝区、九龙坡区、南岸区、北碚区、渝北区、巴南区、涪陵区、綦江区、大足区、长寿区、江津区、合川区、永川区、南川区、璧山区、铜梁区、潼南区、荣昌区、开州区、梁平区、万州区、黔江区、武隆区等26个市辖区。

#### 2. 交通情况

　　重庆市地处中国中部和西部地区的结合部，铁路、水路、公路、航空、管道运输等运输方式发展很快。重庆市是中国长江上游地区唯一汇集水、陆、空交通资源的特大型城市，是西南地区的综合交通枢纽。截至2014年，全市高速公路通车总里程超过2 400千米，居西部第一。

## 二、重庆市历史沿革

距今 200 万年前的旧石器时代早期，在今重庆巫山县已经出现了中国最早的人类——巫山人。夏商时期，三峡地区是中国主要岩盐产区，由此在巫山地区催生了早期的巴国文明。宋代时因赵谂谋反之事，宋徽宗以"渝"有"变"之意，改渝州为恭州。宋孝宗淳熙十六年（1189 年），宋光宗先封恭王，后即帝位，自诩"双重喜庆"，升恭州为重庆府，重庆由此而得名。1997 年 3 月 14 日，经第八届全国人大第五次会议审议批准，重庆正式成为中国第四个、西部地区唯一的直辖市。

# 知识储备 2　"赏"美增见识

## 一、重庆市民族民俗

重庆是中国唯一辖有民族自治地方的直辖市，渝东南民族地区一区四县是重庆市少数民族人口聚居区，主要有土家族和苗族。

重庆人千百年来形成的春节拜年、十五观灯、清明祭祖、中秋赏月以及悬酒幌、赶庙会、坐花轿、放风筝等民俗，与中国其他地区相比大同小异。但重庆有五个土家族、苗族自治县，这两个既热情又传统的民族都有自己独特的民俗节日。

## 二、重庆市风物特产

重庆市饮食的主要特点是麻、辣，以不拘一格地使用各种食材创作新菜见长。提到火锅，人们首先想到的是重庆。火锅是重庆的文化符号和美食代表。重庆人吃火锅，无辣不欢。重庆火锅起源于明末清初的重庆嘉陵江朝天门等码头船工纤夫粗放的餐饮方式，原料主要是牛毛肚、猪黄喉、鸭肠、牛血等。

重庆小面是重庆的传统特色小吃，是一种麻辣素面，分干面和汤面两种类型。重庆毛血旺是重庆传统名菜，起源于嘉陵江边的磁器口。重庆毛血旺麻辣鲜香，堪称一绝。重庆酸辣粉麻辣酸爽，口味独特，素有"天下第一粉"的美名。

重庆工艺品有梁平"三绝"（梁山灯戏、梁平年画、梁平竹帘）等。

## 知识储备3 "述"美展自信

### 一、重庆市文化艺术

#### （一）巴渝文化

巴渝文化，是长江上游地区最富有鲜明个性的民族文化之一。巴渝文化起源于巴文化，它是指巴族和巴国在历史的发展中所形成的地域性文化。巴人一直生活在大山大川之间，大自然的熏陶、险恶的环境，让他们炼就了一种顽强、坚韧和剽悍的性格，因此巴人以勇猛、善战而著称。

巴渝文化，博大精深，源远流长。早在殷周时期，生活在长江上游巴山渝水的先民便以勇猛强悍和擅歌舞著称，就是在参战时，也"歌舞以凌殷人"。近年来的三峡库区考古发现，更雄辩地证明：长江流域与黄河流域一样，同是中华民族文明的摇篮，巴渝文化历史悠久、绚丽多彩，是中华灿烂文化的重要组成部分。这里暂且不说闻名中外的三峡一带的古迹胜地，也不说抗日战争时期陪都文人荟萃将巴渝文化推到一个高峰，仅以近几年的文化为例，就足以证明这一点。大足石刻在巴渝文化上耸起一座丰碑，从它每一刀、每一凿的痕迹里，我们似乎可以窥视巴渝文化在千百年来发展的脉络。

#### （二）文学曲艺

重庆地域戏曲文化的代表当属川剧、秀山花灯、酉阳阳戏等。除此之外，还有梁山灯戏、三峡皮影戏、石柱土戏等。

川剧可以追溯到先秦时代的"巴渝歌舞"，至民国初年三庆会集诸腔之大成而同台演出，统称为"川剧"。在长时期的传演中，川剧形成了以演出胡琴腔为主的川西派、以演出高腔戏为主的资阳河派、以演出弹戏为主的川北河派和以演出多种声腔为特色的下川东派四大流派，下川东派以重庆为中心。

川江号子发端于先秦时代，兴起于清朝中期，是川江水系船工们驾船劳作时所唱的歌谣，有十种类别和千余首曲目。

### 二、重庆市旅游资源

重庆有大足石刻、武隆、金佛山、五里坡国家级自然保护区（湖北神农架边界调整项目）4处世界遗产；有大足石刻景区、巫山小三峡·小小三峡景区、武隆喀斯特旅游区（天生三桥·仙女山·芙蓉洞）、酉阳桃花源景区、万盛黑山谷景区、南川金佛山景区、江津四面山景区、云阳龙缸景区、彭水县阿依河景区、黔江区灌水景区、奉节县白帝城·瞿塘峡景区共 11 处国家 5A 级旅游景区。

### （一）大足石刻（世界文化遗产，5A 级景区）

大足石刻（图 6-1-1）位于重庆市大足区境内，始建于唐乾元元年（758 年），以"大丰大足"而得名，是驰名中外的"石刻之乡"，是唐、五代、宋时所凿造，明、清两代亦续有开凿。现为世界文化遗产，世界八大石窟之一。大足石刻代表了 9—13 世纪世界石窟艺术的最高水平，是人类石窟艺术史上最后的丰碑。它从不同侧面展示了唐、宋时期中国石窟艺术风格的重大发展和变化，具有前期石窟不可替代的历史、艺术、科学价值，并以规模宏大、雕刻精美、题材多样、内涵丰富、保存完好而著称于世。

图 6-1-1　大足石刻

### （二）武隆（世界文化遗产，5A 级景区）

武隆（图 6-1-2）隶属重庆市，位于重庆市东南部，武隆区属渝东南边缘大娄山脉褶皱带，多深丘、河谷，以山地为主。地势东北高，西南低，地处重庆市东南部乌江下游，武陵山和大娄山峡谷地带。境内有"世界自然遗产"喀斯特芙蓉洞和"国家 5A 级旅游景区"天生三桥。

图 6-1-2　武隆

### （三）金佛山（世界文化遗产，5A 级景区）

金佛山（图 6-1-3），位于重庆市南部边缘南川城区之南，属大娄山脉北部尽端，得名于描写南川最早的宋代诗歌《望金佛山谣》："朝望金佛山，暮望金佛山，金佛何崔嵬，缥缈云霞间。"金佛山与珠穆朗玛、玛雅文明、古埃及金字塔同处于神秘北纬 30 度附近，有喀斯特世界自然遗产、生物多样性、佛教文化三大奇观。

图 6-1-3　金佛山

### （四）白帝城（5A 级景区）

白帝城（图 6-1-4），位于重庆市奉节县白帝镇白帝村 1 号社，地处长江三峡两端入口。白帝城的城墙围合长度近 7 000 米，其中南宋城墙约 3 900 米，为夯土砌石结构。主要的修筑和使用年代是在南宋淳祐至元初至元年间。这些城墙历经风雨侵蚀，却依然坚固如初。白帝城遗址的一字城墙有两道：一道从较场坝通往谭家沟至长江边；另一道从子阳城皇殿台瓮城东南角顺山脊经关山口往下至关庙沱（瞿塘关）江边。两道城垣共同构成白帝城西面的沿江防御。

图 6-1-4 白帝城

## 素养导读 "品" 美入我心

重庆市是一个有 3 000 多年历史的城市，古称江州，后又称巴郡、楚州、渝州、恭州。1189 年，宋光宗先封恭王，后即帝位，自诩"双重喜庆"，升恭州为重庆府，重庆由此得名。重庆山水相依，山是水之脊，水是山之脉，故有巴山渝水之称，因而，众多与山水相关的重庆地名，反映了重庆作为山水之城的自然地理特征。这座城市，自然地理独特，人文地理鲜明。到这里来的每一个人几乎都能感受到一种强烈的视觉冲击力和心灵震撼力。在中国，你无法找到一个城市能和重庆类似。在重庆，你不难体验到传统与现代、历史与未来的交汇和撞击。这是一座大气磅礴的"山水之城"，是一座时尚韵律的"动感之城"，是一座热情奔放的"激情之城"，是一座历史悠久的"古老之城"，是一座朝气勃勃的"青春之城"。重庆山城的美虽不繁荣，但在它美丽而端正的外表之下是一颗热情、豪迈的心。它在烟雨中静静地等候，静静地凝望着你的到来。

## 佳文导读 "析" 美做实践

重庆市大足石刻

大家好！欢迎各位游客朋友们来到大足石刻参观，我是你们本次行程的导游。大足石刻建于唐末、宋初，以佛教题材为主。共有石刻造像 70 多处，现存雕刻造像 4 600 多尊，是中国晚期石窟造像艺术的代表，其中以宝顶山和北山石刻最为著名。

游客朋友们，请大家注意脚下台阶，以防摔倒。宝顶山石刻共有13处，造像数以万计，其中以大佛湾和小佛湾规模最大。大佛湾、小佛湾是由19组佛经故事组成的大型群雕，各种雕像15 000多躯，设计之精巧，竟无一像雷同，主要造像有"千手观音""卧佛"等。在这些雕像中，最著名的是被称为人间一绝的"千手观音"。

现在我们已经来到这尊佛像面前，大家请仔细观看。"千手观音"雕凿于南宋中后期，距今已有800多年历史。这尊造像在88平方米崖面上，高7.7米，宽12.5米，刻有800多只手。其上下、左右、前后都伸出了手，有的手里拿着斧头，有的手里拿着宝剑，千姿百态。真是名副其实的千手观音，被誉为"天下奇观"。这尊雕像集雕塑、彩绘、贴金于一体，状如孔雀开屏，金碧辉煌。千手象征其法力无边，能拯救众生；千眼象征其智慧无穷，能明察秋毫。

其次，宝顶卧佛是宝顶大佛湾最大的一尊造像，也是大足石刻最大的一尊造像，全长31米，这尊像是横卧着的，所以人们叫它"卧佛"。卧佛头北脚南，背东面西，右侧而卧。两眼半开半闭，似睡非睡，安详平静。

游客朋友们，我们今天的游览即将结束，希望这次游览能给大家留下难忘的回忆，美丽的大足石刻欢迎您们下次再来，谢谢大家。再见！

## 实训演练 →

### 一、实训要求

小木通过系统学习，已经储备了相关知识，掌握了重庆市的代表性文旅资源，即将接待一个从上海市来大足石刻旅游的研学团。请帮小木准备一篇大足石刻导游词并进行模拟讲解。

### 二、实施步骤

1. 根据本节课所学内容对重庆概况进行总结，并搜集大足石刻相关历史文化、名人轶事等背景素材，进行资料梳理和整合。

2. 讲解前，做好仪容仪表、音量语速、手势走位等方面的准备。

3. 请与小组成员分享你所写的导游词，并以小组为单位进行讲解展示，小组成员用评价表格进行点评，评出本组最优秀的讲解员。

## 学习情境二　天府之国 —— 四川省

四川省位于中国西南部，简称"川"或"蜀"，省会成都。地处长江上游，素有"天府之国"的美誉。四川是中国重要的经济、工业、农业、军事、旅游、文化大省，也是国宝大熊猫的故乡。

### 情境导入

小青是乐山旅行社的一名新导游。山是一座佛，佛是一座山，说的就是乐山大佛。作为地接导游，小青除了要准备乐山大佛的导游词，还要为游客介绍四川省概况。你可以帮小青做好讲解服务的准备工作吗？

## 知识储备1 "习"美知天下

### 一、四川省基本概况

#### （一）地理与气候

##### 1. 地理位置

四川省深处我国西南腹地、长江上游，东连重庆市，南邻滇、黔，西接西藏，北接青、甘、陕三省。全省面积达48.6万平方千米，居全国第五位。

##### 2. 气候特点

四川气候特点：年平均温度明显偏高，年积温比同纬度高，无霜期也较同纬度地区长。甘孜县是四川境内日照最多的地方，有"小太阳城"之称；石渠县有极端最低气温，被称为四川的"寒极"。

#### （二）区划与交通

##### 1. 人口区划

截至2022年年末，四川省常住人口为8 374万人。四川全省共辖21个地级行政单位，包括18个地级市（含副省级城市成都市以及绵阳市、自贡市、攀枝花市、泸州市、德阳市、广元市、遂宁市、内江市、乐山市、资阳市、宜宾市、南充市、达州市、雅安市、广安市、巴中市、眉山市）和3个自治州（阿坝藏族羌族自治州、甘孜藏族自治州、凉山彝族自治州）。

### 2. 交通情况

古有"蜀道难，难于上青天"之说，经过不断地建设，四川已成为西南的交通枢纽。铁路是四川沟通省内外运输的大动脉。四川公路里程居全国第一，其中高速公路总里程居西部第一。四川水路主要有金沙江段、长江段、沱江和嘉陵江水系水域。成都双流国际机场已成为中国四大航空港之一，是中国中西部地区最繁忙的民用枢纽机场，中国西南地区的航空枢纽和重要客货集散地。

## 二、四川省历史沿革

在商周时期，四川地区建立由古蜀族为中心的蜀国，所以，四川地区古称"蜀"。北宋咸平四年（1001年），今四川地区分为盛州（今成都）、梓州（今三台）、利州（今广元）、夔州（今重庆奉节四路），合称"川峡四路"，简称"四川行省"，是为四川建省之始。清初分全国为18行省，并对川、滇、黔3省省界进行较大调整，基本确定了今四川的南部省界。第二次国内革命战争时期，中国工农红军一、二、四方面军先后长征进入四川。红四方面军以今四川省通江县为中心，建立了川陕革命根据地，是当时全国第二大革命根据地。

## 知识储备2 "赏"美增见识

## 一、四川省民族民俗

四川为多民族聚居地，有55个少数民族。四川是全国唯一的羌族聚居区、最大的彝族聚居区和全国第二大藏区。彝族是四川人数最多的少数民族，主要聚居在大小凉山与安宁河流域。彝族有自己的语言文字、历法。农历六月二十四是彝族人民最盛大的节日——火把节。四川是西部客家大省，较好地保留了客家语系和生活文化。洛带古镇中85%以上的人都是清初"湖广填四川"移民浪潮涌入的粤、赣、闽客家人后裔，他们至今仍完整地沿袭着客家风俗，说着有"古汉语活化石"之称的客家方言。

## 二、四川省风物特产

川菜作为中国四大菜系之一，取材广泛，口味清鲜，醇浓并重，以善用麻辣著称。川菜在口味上尤其独特风格,以味型丰富、变化多样著称。川菜善用麻辣,但又不光是麻辣,其他种味道分别是甜、咸、酸、苦。川菜的代表性菜品有麻辣火锅、毛血旺、酸菜鱼、口水鸡等。

四川是我国最早饮茶、出现茶叶市场的地区。四川茶叶的质量和产量在唐以前都居全国首位,尤以"扬子江中水,蒙山顶上茶"而广为传颂。

## 知识储备3 "述"美展自信

### 一、四川省文化艺术

#### (一)巴蜀文化

巴蜀文化指四川盆地的地域文化。其中巴文化以四川省东北部地区(巴中、达州、阆中)为中心。巴人活动于四川东部、湖北西部、重庆三峡库区、陕西南部及贵州北部。巴文化国家重点保护遗址有罗家坝遗址(四川宣汉县)、城坝遗址(四川渠县)。蜀文化则由三个古族融合而成,以德阳、成都地区为中心。蜀文化国家重点保护遗址有:三星堆遗址(四川广汉市)、金沙遗址(成都市青羊区)。蜀国后成为西周封国,含川西、陕南、滇北一带。巴蜀文化又具有很强的辐射能力,除与中原、楚、秦文化相互渗透影响外,主要表现在对滇黔夜郎文化和昆明夷、南诏文化的辐射,还远达东南亚大陆地区,在金属器、墓葬形式等方面对东南亚产生了深刻久远的影响。

#### (二)文学曲艺

川剧是中国戏曲宝库中的一颗光彩照人的明珠。它历史悠久,保存了不少优秀的传统剧目和丰富的乐曲与精湛的表演艺术。早在唐代就有"蜀戏冠天下"的说法。四川曲艺是以四川民间说唱艺术为基础发展起来的,其起源可追溯到汉代以前。1959年成都近郊出土的几尊东汉陶制说书俑,"击鼓说书,喜形于色",可见当时说唱艺术就已流行了。

### 二、四川省旅游资源

四川有峨眉山——乐山大佛、青城山——都江堰、黄龙、九寨沟、四川大熊猫栖息地5处世界遗产。有成都市青城山·都江堰旅游景区、乐山市峨眉山景区、阿坝藏族羌族自治州九寨沟旅游景区、乐山市乐山大佛景区、阿坝州黄龙景区、广安市邓小平故里旅游区、南充市阆中古城旅游区、绵阳市北川羌城旅游区、阿坝州汶川特别旅游区等16处国家5A级旅游景区。

## （一）乐山大佛（世界文化遗产，5A 级景区）

乐山大佛（图 6-2-1）又名凌云大佛，位于四川省乐山市南岷江东岸凌云寺侧，濒大渡河、青衣江和岷江三江汇流处。乐山大佛开凿于唐代开元元年（713 年），完成于贞元十九年（803 年），历时约 90 年。

乐山大佛头与山齐，足踏大江，双手抚膝，大佛体态匀称，神势肃穆，依山凿成，临江危坐。大佛通高 71 米，是中国最大的一尊摩崖石刻造像，头高 14.7 米，头宽 10 米，发髻 1 021 个，嘴巴和眼长 3.3 米，颈高 3 米，肩宽 24 米，手指长 8.3 米，从膝盖到脚背 28 米，脚背宽 8.5 米，脚面可围坐百人以上。

图 6-2-1　乐山大佛

## （二）都江堰（世界文化遗产，5A 级景区）

都江堰（图 6-2-2），位于四川省成都市都江堰市城西，坐落在成都平原西部的岷江上，秦昭王后期（公元前 276—前 251 年），蜀郡守李冰总结了前人治水的经验，组织岷江两岸人民，修建都江堰。

都江堰是当今世界年代久远、唯一留存、以无坝引水为特征的宏大水利工程。它充分利用当地西北高、东南低的地理条件，根据江河出山口处特殊的地形、水脉、水势，乘势利导，无坝引水，自流灌溉，使堤防、分水、泄洪、排沙、控流相互依存，共为体系，保证了防洪、灌溉、水运和社会用水综合效益的充分发挥。

图 6-2-2　都江堰

## （三）九寨沟（世界自然遗产，5A 级景区）

九寨沟国家级自然保护区（图 6-2-3），位于四川省阿坝藏族羌族自治州九寨沟县漳扎镇，是白水沟上游白河的支沟，以有九个藏族村寨（又称何药九寨）而得名。九寨沟海拔在 2 000 米以上，遍布原始森林，沟内分布 108 个湖泊。

九寨沟四季景色迷人，动植物资源丰富，种类繁多，栖息着大熊猫等十多种稀有和珍贵野生动物。远望雪峰林立，高耸云天，终年白雪皑皑，加

图 6-2-3　九寨沟国家级自然保护区

上藏家木楼、晾架经幡、栈桥、磨房、传统习俗及神话传说构成的人文景观，被誉为"美丽的童话世界"。

## 素养导读　"品"美入我心

2008年5月12日14时28分04秒，汶川县映秀镇南方向约11千米处发生里氏8.0级地震，震源深度14千米，那一刻，天旋地转，山峦垮塌，无数生命戛然而止，整个中华大地浸满悲恸。

面对严重灾情，在中国共产党的坚强领导下，中国人民展现了万众一心、众志成城，不畏艰险、百折不挠，以人为本、尊重科学的伟大抗震救灾精神，迸发出气壮山河、感天动地的巨大力量，赢得了抗震救灾的伟大胜利。

今日汶川，新楼耸立，水绿山青，最漂亮的是民居，最坚固的是学校，最现代的是医院。昔日满目伤痕的地震灾区浴火重生，创造出令人惊叹的"中国奇迹"。无数共产党员以舍生忘死、冲锋在前的精神，书写了与人民血肉相连的感人篇章——风雨同舟、守望相助。正是在这场举世罕见的抗震救灾和灾后重建过程中，中华民族形成了万众一心、众志成城，不畏艰险、百折不挠，以人为本、尊重科学的伟大抗震救灾精神！

## 佳文导读　"析"美做实践

亲爱的游客朋友们，大家好！欢迎大家来到世界上最大的弥勒佛石像——乐山大佛。我是大家的导游员小张，接下来就由我带大家去参观参观吧！

四川省乐山大佛

从远处看巍峨雄伟的大佛，站在它的脚背上人们显得那么渺小，就像一只只蚂蚁爬行在大佛上。它建于公元713年，从它脚底流过的三条河分别是岷江、青衣江、大渡河。它们并称为"乐山三江"。古时，乐山三江交汇的地方水势相当凶猛，常常发生船毁人亡的事件。海通和尚于心不忍，于是他四处化缘，筹得巨款，修筑乐山大佛，愿它能抵挡这汹涌的江水。一位财主想得到这笔钱，海通和尚对他说："自目可剜，佛财难得"。财主一看吓得从此再也没有难为他。终于在三代人的不懈努力下，历时90年，乐山大佛才大功告成。

乐山大佛是世界上最大的一尊石刻弥勒佛，通高71米，耳朵长7米，每个耳朵可以钻进两个人；肩宽24米，头的直径竟然有10米，它的手指有8.3米长，不要说与大佛相比，就是和大佛的手指比，你也小得不得了。它的膝盖到脚背总长 28 米，脚背宽 8.5 米，如果人挨人站着，它的每只脚可以站一百多人呢！

乐山大佛头上的发髻有 1 021 个。它的大鼻梁犹如高高隆起的一座桥梁。圆圆的脸有钟楼那么大，又宽又大的嘴巴足有一米半长，嘴角微微向上翘着，显得那么和善、那么神奇；眼角微闭，似乎在沉思什么，它到底在沉思什么呢？大家可以发挥自己的想象。

"山是一尊佛，佛是一座山"，乐山大佛就像一颗璀璨的明珠，吸引着中外游客。我真诚地希望你们能在这里得到美的享受。祝大家玩得开心，游得尽兴！

## 实训演练 →

### 一、实训要求

小青通过系统学习，已经储备了相关知识，掌握了四川省的代表性文旅资源，即将接待一个从石家庄市来乐山大佛旅游的商务考察团。请帮小青准备一篇乐山大佛导游词并进行模拟讲解。

### 二、实施步骤

1. 根据本节课所学内容对四川概况进行总结，并搜集乐山大佛相关历史文化、名人轶事等背景素材，进行资料梳理和整合。

2. 讲解前，做好仪容仪表、音量语速、手势走位等方面的准备。

3. 请与小组成员分享你所写的导游词，并以小组为单位进行讲解展示，小组成员用评价表格进行点评，评出本组最优秀的讲解员。

## 学习情境三　多姿多彩 —— 贵州省

贵州省是中华人民共和国西南地区的一个内陆省份。贵州山川秀丽，气候宜人，民族众多，资源富集，发展潜力巨大，简称"黔"或"贵"，省会贵阳市。

贵州省地处中国西南腹地，与重庆、四川、湖南、云南、广西接壤，是西南交通枢纽，世界知名山地旅游目的地和山地旅游大省，国家生态文明试验区，内陆开放型经济试验区。

**情境导入**

　　小天是贵阳旅游职业学校导游专业的一名学生。这个周末她远在外地的亲戚一家要来贵州做客，她想用平时所学内容介绍一下自己美丽的家乡贵州。你可以帮助小天做好介绍讲解家乡的准备吗？

## 知识储备1　"习"美知天下

### 一、贵州省基本概况

#### （一）地理与气候

**1.地理位置**

贵州省地处中国西南腹地，与重庆、四川、湖南、云南、广西接壤，是西南交通枢纽。全省总面积约 17.6 万平方千米。

**2.气候特点**

贵州属亚热带湿润季风气候区，气候温暖湿润。

#### （二）区划与交通

**1.人口区划**

2022 年年末，贵州省常住人口为 3 856 万人。贵州省共有 6 个地级市（贵阳市、六盘水市、遵义市、安顺市、毕节市、铜仁市）、3 个自治州（黔西南布依族苗族自治州、黔东南苗族侗族自治州、黔南布依族苗族自治州）、88 个县级政单位。

**2.交通情况**

贵州省会贵阳是中国西南铁路枢纽，以贵阳为中心，2014 年 12 月 26 日贵广高铁正式通车，贵州跨入"高铁时代"。西南第一条高等级公路——贵阳至黄果树公路已建成通车，贵州省民航系统已形成"一干八支"机场布局，干线机场是指贵阳龙洞堡国际机场。

### 二、贵州省历史沿革

　　春秋以前，贵州为荆州西南裔，属于"荆楚"或"南蛮"的一部分。战国后期，夜郎国逐步发展成为西南地区的大国之一（夜郎国大部分疆域在今贵州境内）。宋朝在敕书中有："惟尔贵州，远在要荒"一语，这是以贵州之名称此地区的最早记载。明代是贵州历史发展上的一个重要时期，贵州正式成为省一级的行政单位。1949年11月15日，中国人民解放军解放贵阳，12月26日成立了贵州省人民政府。

## 知识储备2 "赏"美增见识

### 一、贵州省民族民俗

贵州少数民族的节日活动丰富多彩。有唱歌、跳舞、吹芦笙、击铜鼓、斗牛、赛马、斗雀、摔跤、赛龙舟、玩龙灯、演戏等。主要的民族节日有苗族、布依族"四月八"，布依族"六月六"歌节，彝族火把节，水族端节，瑶族盘古王节等。这些民族节日是展示贵州民族风情和民族艺术的百花园。

贵州的少数民族男女青年择偶、婚嫁都有不同的习俗。苗族的游方和"跳场"、瑶族的"凿壁谈婚"和"埋蛋择婿"、布依族的"去花包"等，都各有特点，饶有风趣。

### 二、贵州省风物特产

贵州菜又称黔菜，贵州菜肴的一大特色就是酸。贵州有"三天不吃酸、走路打蹿蹿"的民谣。臭酸是独山著名的"三酸"之一。独山臭酸历史悠久，据考证已在民间传承了上千年。在独山，几乎家家户户都会做臭酸，都有一个臭酸坛子，可以想吃就吃。"臭酸大肠"这道菜，应该是从各种吃法中脱颖而出的大家公认的美食了。

贵州的民族文化艺术和工艺，丰富多彩，主要有饮誉天下的苗族和布依族的蜡染、刺绣以及具有鲜明特点的民族服饰、首饰等，它们都具有很高的艺术价值和收藏价值。大方漆器是贵州极富民族风格和地方特色的传统工艺美术品之一，明、清时期曾列为贡品，与茅台、玉屏箫笛并称"贵州三宝"。

"国酒"茅台是我国酱香型白酒的典范。

# 知识储备3 "述"美展自信

## 一、贵州省文化艺术

### （一）夜郎文化

夜郎文化是贵州最独特的本土文化。夜郎，是中国在西南地区由少数民族的先民建立的国家。夜郎成名问世，大约是在战国时期，楚襄王派"将军庄跃溯沅水，出且兰（今贵州福泉市），以伐夜郎王"，"且兰既克，夜郎又降"。这时，人们方知西南有一个夜郎国。

夜郎国被中原政权记述的历史，大致起于战国，至西汉成帝和平年间，夜郎王兴同胁迫周边22邑反叛汉王朝，被汉朝牂柯太守陈立所杀，夜郎也随之被灭，前后约300年。

夜郎文化是指夜郎政治、经济范围内所有民族文化的组合。

### （二）文学曲艺

苗族飞歌尤以剑河革东镇所在地的飞歌最为优美、独特。革东苗族飞歌因为高音部分全部使用真嗓发音，音调高亢嘹亮，豪迈奔放，曲调明快，穿透力强，有很强的感染力，唱起来声振山谷，山鸣谷应，几里外都能听到。

安顺唱书历史悠久，是一门古老的民间艺术，在安顺屯堡村寨流传的一种业余文娱活动。明清时期实行改土归流，朝廷修路、兴学、开科举，推动了少数民族地区经济文化的发展，唱本即是在这种历史背景下产生的。

当时的私塾先生收集了一些民间说唱本，后将其编写为学生唱本。有取材于民间传说故事、历史故事、古典小说的，也有根据戏曲脚本移植改编的。

## 二、贵州省旅游资源

贵州省拥有世界遗产4项5处，其中世界自然遗产3项4处：荔波（中国南方喀斯特第一期）、施秉（中国南方喀斯特第二期）、赤水丹霞（中国丹霞）、梵净山；世界文化遗产1项：遵义播州海龙屯遗址（土司遗址）。

贵州省有9处国家5A级旅游景区，分别是安顺市黄果树瀑布景区、安顺市龙宫景区、毕节市百里杜鹃景区、黔南州荔波樟江景区、贵阳市花溪区青岩古镇景区、铜仁市梵净山旅游区、黔东南州镇远古城旅游景区、遵义市赤水丹霞旅游区、毕节市织金洞景区。

## （一）荔波喀斯特（世界文化遗产，5A 级景区）

图 6-3-1　贵州荔波喀斯特

贵州荔波喀斯特（图 6-3-1），位于贵州省东南部的荔波县，是贵州高原和广西盆地过渡地带锥状喀斯特的典型代表。贵州荔波完好的生态系统，是当今申报世界自然遗产的主流，具有优先被列入世界自然遗产的优势，具有突出的遗产价值，被认为是"中国南方喀斯特"的典型代表。

## （二）赤水丹霞（世界文化遗产，5A 级景区）

贵州赤水丹霞国家地质公园（图 6-3-2），位于贵州省赤水市，地处四川盆地南缘，紧靠黔北大娄山北麓，扬子准地台西部。赤水丹霞是青年早期丹霞地貌的代表，其面积达 1 200 多平方千米，是全国面积最大的丹霞地貌。

图 6-3-2　贵州赤水丹霞国家地质公园

## （三）黄果树瀑布景区（5A 级景区）

黄果树瀑布（图 6-3-3），位于贵州省安顺市镇宁布依族苗族自治县，属珠江水系西江干流南盘江支流北盘江支流打帮河的支流可布河下游白水河段水系，为黄果树瀑布群中规模最大的一级瀑布，是世界著名大瀑布之一，以水势浩大著称。瀑布高度为 77.8 米，其中主瀑高 67 米；瀑布宽 101 米，其中主瀑顶宽 83.3 米。黄果树瀑布属喀斯特地貌中的侵蚀裂典型瀑布。

图 6-3-3　黄果树瀑布

## （四）黔东南州镇远古城旅游景区（5A 级景区）

镇远古城（图 6-3-4），位于贵州省黔东南苗族侗族自治州镇远县，占地 3.1 平方千米，古城有八大会馆、四洞、八祠等名胜古迹 200 多处。河水蜿蜒，以"S"形穿城而过，北岸为旧府城，南岸为旧卫城。两城池皆为明代所建，现尚存部分城墙和城门。城内外古建筑、传统民居、历史码头数量颇多，是一个完全由名胜古迹集成的

图 6-3-4　镇远古城

"传统文化迷宫"。

## 素养导读　"品"美入我心　》》

　　贵州作为中国的"山地公园省""地球记忆博物馆""古生物王国"和世界自然遗产全国第一、世界三大喀斯特之一"中国南方喀斯特"最大的成片分布区……一个个闪亮的称号，都在昭显贵州为什么是中国的第一山地省。行走在这片大地上，每一处，都是时空变幻，一眼亿年的山水峰峦。125.8万座山头里，贵州的中国传统村落与中国少数民族特色村寨数量位居全国第一（截至2020年），百万大山孕育出多元的文化，"一山不同族，十里不同风，百里不同俗"。贵州是多民族聚居的省份，有17个世居少数民族。千百年来，各族人民与山相安生、与水共流长，创造了多姿多彩的山地文明，塑造出"文化千岛"。在贵州，两汉可以遇见夜郎，银饰与大歌多彩交织，山川之间有千人千面的地戏军傩，也蕴藏着革命年代的璀璨星火……

　　走过贵州的山水，看过贵州的古镇，方才知山不在高，有仙则名，贵州用自己的风采，书写了属于自己的《陋室铭》。

## 佳文导读　"析"美做实践　》》

贵州省黄果树瀑布

　　大家好，欢迎各位来贵州游玩，今天我们来到了黄果树瀑布参观，它位于中国贵州省安顺市，因当地一种常见的植物"黄果树"而得名，黄果树瀑布属喀斯特地貌中的侵蚀裂典型瀑布。黄果树瀑布不只一个瀑布的存在，以它为核心，在它的上游和下游20千米的河段上，共形成了雄、奇、险、秀风格各异的瀑布18个。1999年被大世界吉尼斯总部评为世界上最大的瀑布群，列入吉尼斯世界记录。

　　黄果树大瀑布是黄果树瀑布群中最为壮观的瀑布，是世界上唯一可以从上、下、前、后、左、右六个方位观赏的瀑布，也是世界上有水帘洞自然贯通且能从洞内外听、观、摸的瀑布。明代伟大的旅行家徐霞客考察大瀑布时赞叹道："捣珠崩玉，飞沫反涌，如烟雾腾空，势甚雄伟。所谓'珠帘钩不卷，匹练挂遥峰'，俱不足以拟其壮也，高峻数倍者有之，而从无此阔而大者"。

　　大家往右看，白水河的水到了黄果树地段，河床就会突然中断，滚滚水流顺势下跌，形成了九级飞瀑。第四级黄果山瀑布是最大的一级。它可达30多米，水量大时，可达每秒381立方米，从悬崖上跌落到相距60多米的犀牛潭中。瀑布从六七十米高的陡峭的悬崖上跌落时，随着惊心动魄的轰鸣声，好像有无数巨大的石头 在云烟顺流而下。夏天在瀑布前有时会出现一条五彩缤纷的彩虹，整个山谷像披上了一层黄色的轻纱。瀑布附近有一座长达1千米的"天生桥"，宽有二三百米的桥面上还有一片奇形怪状的石林。

如果大家有兴趣，还可以再来黄果树瀑布游览，朋友们再见。

## 实训演练 →

### 一、实训要求

小天通过系统学习，已经储备了相关知识，掌握了贵州省的代表性文旅资源，他即将接待一个从北京市来黄果树瀑布旅游的教师团。请帮小天准备一篇黄果树瀑布导游词并进行模拟讲解。

### 二、实施步骤

1.根据本节课所学内容对贵州概况进行总结，并搜集黄果树瀑布相关历史文化、名人轶事等背景素材，进行资料梳理和整合。

2.讲解前，做好仪容仪表、音量语速、手势走位等方面的准备。

3.请与小组成员分享你所写的导游词，并以小组为单位进行讲解展示，小组成员用评价表格进行点评，评出本组最优秀的讲解员。

## 学习情境四  彩云之南 —— 云南省

云南是一块神奇而又美丽的红土地，各族人民勤劳勇敢、自强不息、能歌善舞、朴实热情，共同创造出无数特色鲜明、丰富多彩的民族文化。云南，一谓"彩云之南"，另一说法是因位于"云岭之南"而得名，简称"滇"或"云"，省会昆明市。云南省主要的文旅资源有路南石林、大理古城、玉龙雪山等。

### 情境导入

小薇是丽江旅行社的一名导游。悠久的丽江古城吸引着无数的游客前来游玩，小薇除了要精心准备丽江古城的导游词，还要为游客介绍云南省的概况。你可以帮小薇做好讲解服务的准备工作吗？

# 知识储备1 "习"美知天下

## 一、云南省基本概况

### （一）地理与气候

#### 1. 地理位置

云南省总面积约 39 万平方千米，东面是广西壮族自治区和贵州省，北面是四川省，西北面是西藏自治区。

#### 2. 气候特点

云南气候基本属于亚热带高原季风型，立体气候特点显著，类型众多、年温差小、日温差大、干湿季节分明、气温随地势高低垂直变化异常明显。

### （二）区划与交通

#### 1. 人口区划

截至 2023 年年末，云南省常住人口为 4 673 万人。云南全省辖 8 个地级市（昆明市、曲靖市、玉溪市、昭通市、保山市、丽江市、普洱市、临沧市）、8 个自治州（德宏傣族景颇自治州、怒江傈僳族自治州、迪庆藏族自治州、大理白族自治州、楚雄彝族自治州、红河哈尼族彝族自治州、文山壮族苗族自治州、西双版纳傣族自治州），全省辖 16 个地级行政区划单位，129 个县级行政区划单位。

#### 2. 交通情况

100 多年前，云南有了第一条铁路——滇越铁路，这是当时中国第一条国际铁路。云南省也是全国唯一一个准轨、米轨并存的省份。截至 2022 年年底，云南省公路总里程达 31.6 万千米。云南主要有金沙江、澜沧江、红河、南盘江、怒江等 5 条干流及其支流 63 条，全长 14 200 千米。昆明长水国际机场是面向南亚、东南亚和连接欧亚非的中国西南门户国际枢纽机场。

## 二、云南省历史沿革

云南省是人类重要的发祥地之一，生活在距今 170 万年前的云南元谋猿人，是迄今为止发现的我国和亚洲的最早人类。夏商时期，云南属中国九州之一的梁州。秦朝以前，曾出现古滇王国。秦汉之际，中央王朝在云南推行过郡县制。西晋时期，云南改设为宁州，是全国十九州之一。唐宋时期，曾建立过南诏国、大理国等地方政权。公元 1276 年，元朝在云南设立行中书省，"云南"正式成为全国省级行政区划名称。公元 1382 年，明朝在云南设承宣布政使司、提刑按察使司、都指挥使司，管辖全省府、州、县。清朝沿袭明朝制度，在云南设承宣布政使司。1950 年 2 月 24 日，云南完全获得解放，从此翻开了崭新的历史篇章。

## 知识储备 2 "赏"美增见识

### 一、云南省民族民俗

云南省是全国世居少数民族最多、跨境民族最多、特有民族最多、人口较少民族最多、自治地方及实行民族区域自治的民族最多的省份。云南有 25 个世居少数民族。

白族平坝区住房多为瓦房，布局一般多为"一正两耳""三房一照壁""四合五天井"。白族的蔬菜品种多样，烹调技术较高，喜食酸辣，洱海的鲤鱼、弓鱼、鲫鱼是人们喜食的菜肴。"一苦、二甜、三回味"的"三道茶"不仅是白族同胞待客的佳茗，还寓含了丰富的人生哲理；白族的三月街，又称"观音街""观音市"，是白族人民盛大的传统节日。

### 二、云南省风物特产

云南蜡染是我国古老的少数民族民间传统纺织印染手工艺，贵州、云南苗族、布依族等民族擅长蜡染。蜡染图案丰富、色调素雅、风格独特，富有民族特色。

建水紫陶的陶泥取自境内五彩山，含铁量高，使成器硬度高，强度大，表面富有金属质感，叩击有金石之声。经无釉磨光，精工细磨抛光，质地细腻，光亮如镜，有"坚如铁、明如水、润如玉、声如磬"之誉。

云南名菜有汽锅鸡、砂锅鱼、香茅草烤鸡、腾冲大救驾、酸笋煮鱼等。云南风味小吃有过桥米线、石屏豆腐、吹肝、野生菌、烧饵块。

## 知识储备 3 "述"美展自信

### 一、云南省文化艺术

#### （一）茶马古道

茶马古道，是指唐代以来，为顺应当地人民需求，在中国西南和西北地区，以茶叶和马匹为主要交易内容，以马帮为主要运输工具的商品贸易通道，是中国西南民族经济文化交流的走廊。普洱茶马古道具有深厚的历史积淀和文化底蕴。茶马古道源于古代西南和西北边疆的茶马互市，兴于唐宋，盛于明清，分川藏和滇藏两线。茶马古道的存在推动了各民族经济文化的发展，凝聚了各民族的精神，加强了各民族间的团结。茶马古道是中国统一的历史见证，也是民族团结的象征。

### （二）文学曲艺

聂耳是中华人民共和国国歌《义勇军进行曲》的作曲者。孙髯翁为昆明滇池大观楼题天下第一长联，被后人尊称为"联圣"。

丽江的骨是玉龙雪山，而丽江的魂则是纳西古乐。纳西古乐素有"音乐化石"之称，纳西古乐有三个特点：一是曲目（音乐）古老，二是乐器古老，三是演奏的人老。有人形象地形容是"看 100 岁的老人，用 200 年的乐器，演奏 700 年的乐曲"。

## 二、云南省旅游资源

云南省有世界遗产 5 处：丽江古城、三江并流、中国南方喀斯特（石林风景区）、澄江帽天山化石群、红河哈尼梯田；有国家 5A 级旅游景区 9 处：石林风景名胜区、玉龙雪山景区、丽江古城景区、大理崇圣寺三塔文化旅游区、中科院西双版纳热带植物园、香格里拉普达措国家公园、昆明世博园景区、腾冲火山热海旅游区、文山州普者黑景区。

### （一）丽江古城（世界文化遗产，5A 级景区）

丽江古城（图 6-4-1），位于云南省丽江市古城区，又名大研镇，坐落在丽江坝中部，

图 6-4-1　丽江古城

始建于宋末元初，面积为 1 262.78 平方公里。以水为核心的丽江古城因水的活用而呈现特有的水巷空间布局。桥梁密集是丽江古城最大的特色。民居大多为土木结构，比较常见的形式有以下几种：三坊一照壁、四合五天井、前后院、一进两院等几种形式。

### （二）红河哈尼梯田（世界文化遗产，5A 级景区）

红河哈尼梯田（图 6-4-2）是以哈尼族为主的各族人民利用当地"一山分四季，十里不同天"的地理气候条件创造的农耕文明奇观，据载已有 1 300 多年的历史，中心区是元阳梯田。这里的梯田规模宏大，绵延整个红河南岸的元阳、绿春、金平等县，仅元阳县境

内就有 19 万亩。这里水源丰富，空气湿润，雾气变化多端，将山谷和梯田装扮得含蓄生动。2013 年 6 月 22 日在第 37 届世界遗产大会上，红河哈尼梯田获准列入世界遗产名录。

图 6-4-2　红河哈尼梯田

### （三）大理崇圣寺三塔文化旅游区（5A 级景区）

崇圣寺三塔（图 6-4-3）位于大理古城西北部 1.5 千米处，西对苍山应乐峰，东对洱海，距山脚约 1 500 米。向南 336 米处有桃溪向东流过，向北 76 米处有梅溪，东靠滇藏公路。

三塔由一大二小组成。大塔名为千寻塔，始建于南诏劝丰佑时期（823—859 年），为 16 级方形密檐式空心砖塔，是典型的唐代建筑风格，塔高 69.13 米。南北两座小塔外观轮廓线为锥形，是典型的宋代建筑风格，建造于大理国段正严、段正兴时期（1108—1172 年），两小塔相距 97 米，皆高 42.19 米，是一对 10 级八角形密檐式砖塔。三座塔鼎足而立，千寻塔居中，二小塔南北拱卫。

图 6-4-3　崇圣寺三塔

崇圣寺三塔集三种功能于一身，建塔艺术登峰造极，具有极高的历史、文化和建筑价值。

## 素养导读 "品" 美入我心

国立西南联合大学在昆明办学八年，先后有 8 000 多人就读，毕业约 4 000 人。这里大师云集，名家荟萃，在极度简陋和艰苦的环境中，"同无妨异，异不害同，五色交辉，相得益彰"。叶企孙、吴有训、华罗庚、陈省身、吴大猷、陈寅恪、闻一多、朱自清、冯友兰等一大批名师巨匠，倾心治学研究，坚持为国育才，创造了中国近代高等教育史上的奇迹。从西南联大先后走出了杨振宁、李政道两位诺贝尔奖获得者，王希季、邓稼先、朱光亚等 8 位 "两弹一星" 功勋奖章获得者，黄昆、刘东生等 5 位国家最高科学技术奖获得者，175 位院士、9 位党和国家领导人以及大批蜚声中外的杰出人才。西南联大前后有 1 100 多名爱国学子舍身报国，投笔从戎，志愿应征入伍，奔赴抗日前线，在世界反法西斯战争及中国抗日战争史上写下了光辉的篇章。

## 佳文导读 "析"美做实践

云南省丽江古城

各位朋友，大家好！欢迎来到"中国的威尼斯"——丽江古城。丽江古城坐落于玉龙雪山下丽江坝子的中部，全城面积达 1 262.78 平方公里，常住人口约 3 万人，其中纳西民族超过 16 900 人。因为周围青山环绕，城中碧水莹莹，宛如一方碧玉大砚而取名为"大研镇"。它是中国历史文化名城中唯一没有城墙的古城，据说这是因为丽江世袭统治者姓木，筑城墙势必如木字加框，而成"困"字，木氏土司因忌讳而不设城墙。

古城始建于南宋后期，距今约有 800 年的历史了。丽江古城，因为集中了纳西文化的精华，并完整地保留了宋元以来形成的历史风貌，1997 年被联合国教科文组织列为世界文化遗产。说到这里，各位也许会问，游览丽江古城主要观赏些什么呢？我们可以登高览胜、临河就水，可以走街入院、还可以入市过桥，一览古城布局。

丽江古城建筑最奇的是城市建设规划师们巧妙地调用了清澈的玉泉水。当汩汩的泉水流至城头的双石桥下时。人们将泉水分作三叉，分别穿街过巷，就像人体的经脉一样。泉水流遍全城千家万户，造就了"家家门前流泉水，户户垂柳拂屋檐"的特有风采。水，不仅使大研古镇不断注入新生的朝气，也成为大研古镇的绝妙美景。

城中有水必有桥。一石跨渠，即成一家，水绕民家，自然处处桥通道路。丽江古城既是一座古城，又是一座桥城。丽江古城有石拱桥、石板桥等各类桥梁三百多座。古道、小桥、流水、人家构成了丽江古城恬静的居住环境。这些都为"中国的威尼斯"增添了一份古朴和典雅。朋友们让我们进入古城，去感受它的魅力吧。

## 实训演练 →

### 一、实训要求

小薇通过系统学习，已经储备了相关知识，掌握了云南省的代表性文旅资源，即将接待一个从杭州市来丽江古城旅游的医生团。请帮小薇准备一篇丽江古城导游词并进行模拟讲解。

### 二、实施步骤

1.根据本节课所学内容对云南概况进行总结，并搜集丽江古城相关历史文化、名人轶事等背景素材，进行资料梳理和整合。

2.讲解前，做好仪容仪表、音量语速、手势走位等方面的准备。

3.请与小组成员分享你所写的导游词，并以小组为单位进行讲解展示，小组成员用评价表格进行点评，评出本组最优秀的讲解员。

# 西北地区 ——大漠雪山 传奇丝路

西北地区位于我国大兴安岭以西，长城和祁连山、昆仑山—阿尔金山以北的内陆地区，涵盖了陕西省、甘肃省和新疆维吾尔自治区及宁夏回族自治区等广大区域。以高原和盆地为主，东中部为内蒙古高原，西部为"三山夹两盆"；天山山脉横亘在新疆中部，南北两侧分别是塔里木盆地和准噶尔盆地，两盆地中形成面积广大的沙漠——塔克拉玛干沙漠。西北地区具有独特的地理和资源优势，随着国家"一带一路"倡议的支持以及区域经济的协同发展，西北地区的未来发展前景可期。

## 学习目标 →

1. 了解西北地区省份的基本情况和历史变迁；熟悉陕西省、甘肃省和新疆维吾尔自治区及宁夏回族自治区的文化艺术和特产美食代表；掌握西北地区著名的文化旅游景观。

2. 能够运用所学知识形成知识脉络；能够较流畅地对陕西省、甘肃省和新疆维吾尔自治区及宁夏回族自治区的概况进行导游讲解。

3. 树立对西北地区优秀的传统文化的自信心，为传播西北地区的文旅资源而自豪。

## 学习情境一  山水人文 ——陕西省

三秦大地是中华民族生息、繁衍，华夏文明诞生、发展的重要地区之一，中国历史上最为辉煌的周、秦、汉、唐等十三个王朝曾在这里建都，被誉为"古都明珠"。陕西因在

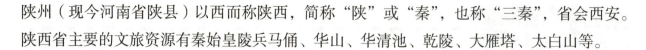

陕州（现今河南省陕县）以西而称陕西，简称"陕"或"秦"，也称"三秦"，省会西安。陕西省主要的文旅资源有秦始皇陵兵马俑、华山、华清池、乾陵、大雁塔、太白山等。

## 情境导入

　　小甘是陕西阳光旅行社的一名实习导游，明天旅行社需要接待一个以"民族豪情、文明之源"为主题的党校学习班。由于地接导游临时有事请假了，党校学习班的领队就委托小甘临时带队接待学习班成员到陕西各景区参观学习。于是，小甘在练习导游词的同时开始着手整理陕西省的基本知识，你可以帮小甘做好讲解服务的准备工作吗？

## 知识储备1 "习"美知天下

 **一、陕西省基本概况**

### （一）地理与气候

#### 1.地理位置

陕西省位于中国西北部，周边与山西、河南、湖北、四川、甘肃、宁夏、内蒙古、重庆8个省（区、市）接壤。

#### 2.气候特点

陕西省气候总特点是：春暖干燥，降水较少，气温回升快而不稳定，多风沙天气；夏季炎热多雨，间有伏旱；秋季凉爽，较湿润，气温下降快；冬季寒冷干燥，气温低，雨雪稀少。

### （二）区划与交通

#### 1.人口区划

截至2022年年末，陕西省常住人口为3 956万人。陕西省有10个地级市，分别是西安市（副省级城市）、宝鸡市、咸阳市、铜川市、渭南市、延安市、榆林市、汉中市、安康市、商洛市。

#### 2.交通情况

陕西公路以西安为中心，呈米字形向四周辐射。世界规模第一的秦岭终南山公路隧道、亚洲第一高墩大桥洛河特大桥、中国第一条沙漠高速榆靖高速公路、西部标准最高的双向八车道透水路面机场专用高速公路先后建成通车，是国家高速公路建设的典范。陕西省有陇海、宝成、宝中、侯西、阳安、襄渝、西康、西延、西合等干线和支线铁路，基本形成了"两纵三横三枢纽"的骨架网络布局。陕西航空运输业规模不断壮大，现有西安咸阳国际机场、榆林西沙机场、汉中城固机场、延安南泥湾机场、安康富强机场5个机场。

## 二、陕西省历史沿革

100多万年前的"蓝田人"是迄今已知最早在陕西生活的古人类。陕西得名始于西周，周、召二公以陕陌（今河南省三门峡市陕州区西南）为界，分陕之东、陕之西而治。春秋战国时陕西为秦国之地，故简称"陕"或"秦"。秦统一后，分天下为36郡，陕西北部为上郡，陕南为汉中郡，关中畿辅区域设内史。公元前202年，刘邦在汜水之阳（今山东曹县）即帝位，建立汉朝，史称西汉。西汉京师长安城是中国历史上第一个大规模的城市。582年，著名建筑家宇文恺主持规划，在汉长安城东南营造新都城——大兴城。自此，陕西共有西周、秦、西汉、新、东汉、西晋、前赵、前秦、后秦、大夏、西魏、北周、隋、唐14个朝代在这里建都。唐代是中国古代的鼎盛时期，也是古代陕西最繁荣的时期。"安史之乱"爆发以后，长安降为一方重镇，从此走向衰落。宋代设陕西路，元代设陕西中书省，明置陕西布政使司，清朝设陕西省并沿用至今。1950年，陕西省人民政府成立。

# 知识储备2 "赏"美增见识

## 一、陕西省民族民俗

陕西人在衣、食、住、行等方面形成了独特的方式，如极具特色的"陕西十大怪"：面条像裤带，锅盔像锅盖，油泼辣子一道菜，碗盆难分开，手帕头上戴，房子半边盖，姑娘不对外，不坐椅蹲起来，睡觉枕石块，秦腔不唱吼起来。

节庆习俗"社火"，是陕西民间流行广泛的、传统的、规模壮观的一种群众娱乐活动。陕西"社火"通常在正月、节日盛会或庙会期间进行，包括鼓乐、芯子、高跷、竹马、旱船、秧歌、舞龙、舞狮、花灯等活动。起居类的陕北窑洞，是中国西北黄土高原居民的古老居住形式，人们利用高原有利的地形，凿洞而居。

## 二、陕西省风物特产

陕西民间工艺品最具有特色的有：陕北剪纸、关中皮影、户县农民画、木版年画、凤翔泥塑、社火马勺脸谱、秦腔脸谱、仿秦兵马俑、仿秦铜车马、仿唐三彩、仿古青铜器、耀州瓷器、唐壁画摹本、麦秆画、面塑（面花）、榆林柳编、青瓷器、西安蓝田玉等。

陕西菜按照饮食习俗大致可分陕南、陕北、关中3个不同分支流派，特色美食有牛羊肉泡馍、凉皮、腊汁肉夹馍、胡辣汤、粉汤羊血、岐山臊子面、涮牛肚、柿饼炸糕、绿豆糕、葫芦鸡、油泼面等。陕西土特产丰富，主要有西凤酒、陕北临潼石榴、红枣、临潼火晶柿子、秦椒、花椒、陕北小米、琼锅糖、陕南板栗、柿饼、商洛核桃等。

# 知识储备3 "述"美展自信

## 一、陕西省文化艺术

### （一）华夏文化

陕北文化历史悠久，源远流长。信天游、秧歌、陕北说书、陕北剪纸等，则代表着传统文化的精髓，从中可以透视出陕北人的思想、生活方式及道德风貌等原始信息，从而展现出陕北文化发展的脉络。

1935年10月，党中央、毛主席长征到达陕北，延安逐渐成为革命圣地，在陕北这片古老的土地上掀起了波澜壮阔的文化运动高潮。随着全国的解放，陕北文化也随之传遍了全国。解放初期，全国掀起了新秧歌运动，《黄河大合唱》《南泥湾》等歌曲到处传唱。陕北文化的影响，遍及大江南北，它像一团熊熊燃烧的烈焰，永不熄灭。

### （二）文学曲艺

陕北民歌琳琅满目，异彩纷呈，主要有劳动歌、仪式歌、信天游、小调等。虽类型不一，千姿百态，却不失同一风格与韵味，这种内韵与潜质反过来影响着一代又一代陕北人的生活及习俗，使陕北人以其不羁、博大的思想与精神，在中国的文学思想史上树起了一个个的里程碑。

陕北说书是民间叙事文学的"活化石"，是一种古老的曲艺形式，它流传于陕西省延安、榆林地区，这种曲艺形式的主要乐器是三弦和琵琶。以琵琶伴奏为主的，叫作琵琶说书；以三弦伴奏为主的，叫作三弦说书。陕北说书现在常用唱腔有九腔十八调，大都是从民歌、信天游、秦腔、碗腔、眉户、山西晋剧、民间小调等借鉴发展而来。

## 二、陕西省旅游资源

陕西省有世界文化遗产 3 处：长城（陕西段）、秦始皇陵及兵马俑坑，丝绸之路：长安——天山廊道的路网（陕西段）；有国家 5A 级旅游景区 12 处：西安市秦始皇兵马俑博物馆、西安市华清池景区、延安市黄帝陵景区、渭南市华山景区、西安市大雁塔·大唐芙蓉园景区、宝鸡市法门寺佛文化景区、商洛市金丝峡景区、宝鸡市太白山旅游景区、西安市城墙·碑林历史文化景区、延安市延安革命纪念地景区、西安市大明宫旅游景区、黄河壶口瀑布旅游区（延安市）；有国家级旅游度假区 2 处：宝鸡市太白山温泉旅游度假区、商洛市牛背梁旅游度假区。

### （一）西岳华山（5A 级景区）

西岳华山（图 7-1-1），位于陕西省东部的华阴市南 5 千米处，东临潼关，西至华县，南连秦岭主脉，北临渭河平原，总面积 184.4 平方千米。

华山的主体由一块纯粹完整的巨型花岗岩构成。这块花岗岩东西长约 20 千米，南北宽约 7.5 千米，高达 2 000 余米。由于花岗岩体特殊的纵横节理和断层交错，若从西岳万寿阁眺望，华山外形犹如一朵凌空怒放的莲花，三峰以外诸峰如同莲瓣，三峰则如莲蕊，华山也由此而得名。"自古华山一条路"，华山的道路更是中国工程史上的一大奇迹。

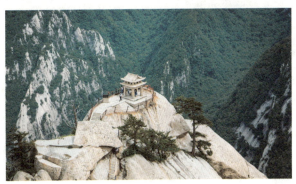

图 7-1-1　西岳华山

### （二）黄帝陵（5A 级景区）

黄帝陵（图 7-1-2），简称黄陵，是中华民族始祖轩辕黄帝的陵墓，坐落于黄陵县城北 1 千米的桥山之巅，所以又被称为"桥陵"。根据史料记载，早在公元前 442 年，这里就已经开始举行祭祀黄帝的活动。自唐流行建庙祀典以来，这里也一直为历代王朝举行国家祭祀的活动地。黄帝陵一期整修工程于 1992 年启动，至 1998 年竣工，现已经成为我国各族人民崇敬的圣地。

图 7-1-2　黄帝陵

### （三）秦始皇兵马俑（世界文化遗产，5A 级景区）

秦始皇兵马俑（图 7-1-3），位于今陕西省西安市临潼区秦始皇陵以东 1.5 千米处，是秦始皇陵的陪葬坑。1974 年，几个农民在抗旱打井时，意外地发现了这座奇迹宝地的源头。考古学家按照发掘的时间，把兵马俑坑先后编成一、二、三号坑。三个坑呈"品"字形，总面积约为 22 780 平方米，其中陶俑、陶马共有 7 400 件左右。因为规模宏大、数量众多造型逼真，是古代中国陶瓷艺术和雕塑艺术的杰出代表，因此被誉为"世界第八大奇迹"。

图 7-1-3 秦始皇兵马俑

### （四）法门寺（5A 级景区）

图 7-1-4 法门寺

法门寺（图 7-1-4），位于陕西省扶风县以北的法门镇，始建于北魏时期，如今尚存的千佛残碑就是最好的见证。北魏时期，扶风法门寺被称为"阿育王寺"，隋朝时又被改为道场，寺名改为"成宝寺"。唐朝是它的全盛时期，李渊赐名为"法门寺"，并将其推崇至皇家寺院的显赫地位，曾先后举行过七次开塔拜祭佛骨的盛大活动。1987 年，从法门寺地宫中发掘的佛骨舍利，被证实是释迦牟尼的真身舍利，也是目前佛教的最高圣物，这被认为是陕西继兵马俑之后的又一重大发现，被誉为"关中佛庙之祖"。

## 素养导读 "品"美入我心 ▶▶▶

陕西省地处中国腹地，黄河中游。这种独特的自然环境为陕西古代文明的演进和社会发展提供了得天独厚的条件，成就了陕西在中华文明史上的重要地位。115 万年前亚洲北部最早的直立人——蓝田猿人用打击石器和星星之火，拉开了中国历史的序幕；5 000 年前的炎、黄二帝从陕西黄土高原出发，一路高歌猛进将中国带进了文明时代，以渭河流域为中心的陕西文化开始走向中华文明的舞台中心；西周创立的礼乐文化构成了中国传统思想、文化的核心；秦统一全国后确立的多种制度奠定了中国 2 000 年来政治文明的基础；汉代开通的丝绸之路使中国因文明发达而闻名于世；魏晋南北朝的陕西见证了中国历史上规模空前的民族大融合、文化大交流；隋朝创立的科举制至今仍影响着中国乃至世界众多国家的人才选拔；唐朝创造了一个让人自豪、让人追忆并永远激励人们昂首奋进的黄金盛世；唐以后的陕西虽不再是首都所在之地，但长期担负着维护西部稳定、守护中原安全的重任，并在文化传承发展方面取得了很多有巨大影响的成就。

## 佳文导读　"析"美做实践

陕西省秦始皇兵马俑

"秦王扫六合，虎视何雄哉！"各位领导，大家好！欢迎您来到"世界第八大奇迹"——秦始皇兵马俑参观游览。秦始皇兵马俑是中国最大的古代军事博物馆，它用现实的奇迹将秦朝的文明传承至今，震惊世界！

下面请各位领导随我一起走进秦始皇兵马俑博物馆，首先映入大家眼帘的是一号坑，它是三个坑中面积最大的一个，东西长230米，南北为62米，面积为14 260平方米，足足有两个足球场那么大。秦国军队有不准戴头盔的军规，所以秦军有"科头"锐士的称号，因而这些兵俑也都未戴头盔。他们手持强弓劲弩，昭示着他们曾经的骁勇善战和辉煌战绩。

我们继续往前走，现在展现在大家眼前的是秦陵二号铜马车，其精巧的技艺令人惊叹！铜马和铜俑的铸造无一不刻画得惟妙惟肖，出神入化。更令人感到惊奇的是，马所佩戴的璎珞全部采用铜丝制成，考古专家拿着放大镜仔细研究了那些细如发丝的铜丝，吃惊地发现，铜丝全部属于无锻打工艺，采用拔丝法制成，粗细均匀，对接面规整且严实，而且这些铜丝仅有0.5毫米，其焊接工艺和制作方法直到现在仍旧是个未解之谜。

秦俑的设计者再现了2 000年前秦军气吞河山的磅礴之气，面对这栩栩如生的战士，仿佛看到威武雄壮的军队从烟尘滚滚中迎面而来，脑海中闪现一幅两军对战、战鼓雷鸣的场面，似乎又回到了那金戈铁马的年代。

中华文化源远流长，在参观过程中我们为祖国博大精深的文化所折服，因我们是中国人而自豪，就让我们一起携手并进，为中华民族伟大复兴中国梦的早日实现贡献我们的智慧和力量。各位领导，再见！

## 实训演练 →

### 一、实训要求

小甘通过系统学习，已经储备了相关知识，掌握了陕西省的代表性文旅资源，即将接待一个从青海省来陕西参观学习的党校学习班。请帮小甘准备一篇秦始皇兵马俑的导游词并进行模拟讲解。

### 二、实施步骤

1.根据本节课所学的内容对陕西省的概况进行总结，并搜集秦始皇兵马俑相关历史文化、秦俑刻画艺术等背景素材，进行资料的梳理和整合。

## 实训演练 →

2.讲解前，做好仪容仪表、音量语速、手势走位等方面的准备。

3.请与小组成员分享你所写的导游词，并以小组为单位进行讲解展示，小组成员用评价表格进行点评，评出本组最优秀的讲解员。

## 学习情境二　绚丽丝路 —— 甘肃省

甘肃之名是取甘州（今张掖）与肃州（今酒泉）二地的首字而成，简称"陇"。甘肃位于黄河上游，地处二级阶梯，自东南向西北，从陇南青山绿水的秀丽风光到西北大漠戈壁的苍凉，尽在甘肃一地，省会为兰州市。甘肃省主要的文旅资源有敦煌莫高窟、鸣沙山月牙泉、天水麦积山石窟、嘉峪关、伏羲庙等。

## 情境导入

小褚毕业后被分配到甘肃文旅局工作，刚参加工作不久就接到一个任务，在一周后举办的旅游产业发展大会中由他负责接站，在车上要为来自全国上百个省市区的嘉宾介绍城市的省情概况和市容市貌、沿途景观。为了让各位嘉宾对甘肃有一个更加全面的了解，你可以帮小褚做好讲解服务的准备工作吗？

## 知识储备1 "习"美知天下

### 一、甘肃省基本概况

#### （一）地理与气候

**1.地理位置**

甘肃省东接陕西，南邻四川，西连青海、新疆，北靠内蒙古、宁夏并与蒙古国接壤，土地总面积42.59万平方千米。

### 2. 气候特点

甘肃各地气候类型多样,从南向北包括了亚热带季风气候、温带季风气候、温带大陆性(干旱)气候和高原高寒气候四大气候类型。

## (二)区划与交通

### 1. 人口区划

截至 2022 年年末,甘肃省常住人口为 2 492.42 万人。甘肃省辖 12 个地级市,分别是兰州市、嘉峪关市、金昌市、白银市、天水市、武威市、张掖市、平凉市、酒泉市、庆阳市、定西市、陇南市;2 个自治州,分别是临夏回族自治州、甘南藏族自治州。

### 2. 交通情况

甘肃省是新欧亚大陆桥、"一带一路"的黄金段落,全省铁路形成了以兰州枢纽为中心,以海线、兰新线、兰渝线为主轴,贯穿甘肃东西南北的路网新格局,路网结构由"通道型"逐步向"通道 + 局部路网型"的"米字形"转变。随着中欧班列、中亚班列相继开通运行,兰州铁路枢纽的地位会进一步提升。兰新高铁是世界上一次性建成通车里程最长的高速铁路,全长 1 776 千米。全省已投入使用兰州中川机场、敦煌国际机场、甘南夏河机场、嘉峪关机场等 10 个机场。

## 二、甘肃省历史沿革

甘肃历史悠久,是华夏文明的发源地之一。早在旧石器时代,这里就有人类繁衍生息。新石器时代,甘肃更是出现了大地湾文化、马家窑文化以及齐家文化类型。先秦时期,中国分为九州,甘肃省境大部属雍、凉二州,旧称"雍凉之地"。秦设邽县(今天水麦积区南)、冀县(今甘谷县),这是中国历史上建立最早的两个县。汉代的开边政策和张骞通西域成功开通了丝绸之路。隋唐时期,甘肃成为我国联系西域各国和欧洲的重要通道,武威、张掖、敦煌成为经济文化繁荣的国际性贸易城市。北宋年间,西夏统治河西时设有甘肃军司(驻甘州,今张掖市甘州区),这是最早出现的"甘肃"之名。元朝时期,设甘肃行中书省。1950 年 1 月 8 日,甘肃省人民政府正式成立。

## 知识储备 2　"赏"美增见识

## 一、甘肃省民族民俗

一方水土养一方人,在多民族聚居杂居的甘肃,有着多样的民俗。羊皮筏子、太平鼓，是西北黄河风情；法会庆典，是内心的皈依，是寻根问祖；门窗炕头的剪纸，山间萦绕的"花儿"，在这片土地上交融，散发出同样质朴的气息。

庆阳、平凉地区是中国民俗文化的活化石区，剪纸、唢呐、社火、皮影、崆峒武术、道情戏曲、西和乞巧节、祭祀西王母、放河灯等民俗文化活动尤具魅力。陇西则是天下李姓的祖地，是海内外李氏的寻根问祖之地。

## 二、甘肃风物特产

兰州刻葫芦是用刀或者针在处理过的葫芦表面阴刻图案，通常以中国传统绘画山水、花鸟为雕刻内容，雕刻后再涂上松墨凸显线条和构图，这是一种珍贵的艺术形式，朴实、精妙，是全国乃至世界上独一无二的民间技艺。

甘肃小吃以面食为主，面食丰富多彩，其中汤面品种最多，极具地方特色。还有以蒸馍、烙饼为代表的干粮。甘肃省南北跨度很大，省内的主要餐饮特色是以兰州为代表的回族风味。兰州附近所产白兰瓜、醉瓜全国有名。"牛肉拉面"，是兰州最具特色的大众化经济小吃，在兰州街头的任何一家牛肉面馆，都可以吃到地道的兰州牛肉面。

# 知识储备3 "述"美展自信

## 一、甘肃省文化艺术

### （一）石窟文化

甘肃是闻名于世的丝绸之路所经的黄金路段和枢纽地带。丝绸之路是古代沟通旧大陆三角洲的重要通道，数千年来曾为整个人类世界的物质文明和精神文明做出过巨大贡献，被誉为"世界文化的大运河""推动古代世界历史车轮行进的主轴"。丝绸之路贯穿甘肃全境，在甘肃境内东西绵延1 600多千米，甘肃也成为东西方经济文化交流不可替代的桥梁。最具代表性的，就是佛教和佛教艺术自西汉就开始经河西、陇右传入我国内地，十六国时期，众多的西域高僧来到河西，译经授徒，蔚然成风，凉州、敦煌等地成为我国佛教翻译的中心。蜚声中外的莫高窟等众多的佛教石窟群像如明珠般闪烁在丝路古道上，形成世界上独一无二且规模壮观的石窟走廊和艺术长廊，是中外文化友好交流的结晶，是丝绸之路上留下的辉煌历史足迹。

### （二）文学曲艺

甘肃省陇剧院的陇剧《西狭长歌》入选第十三届"五个一工程"；话剧剧本《天下第

一桥》荣获第二十一届中国戏剧奖·曹禺剧本奖提名；秦腔《民乐情》荣获第十六届文华大奖提名奖和上海白玉兰戏剧表演艺术"主角提名奖""配角奖"。秦腔《许铁堂》荣获全国十大剧种演出优秀剧目奖。杂技剧《九色鹿》融合多种艺术形式，以精湛的杂技技巧和高科技手段再现敦煌壁画故事。兰州城市学院和甘肃省民族音乐研究中心创排的合唱音诗《相约敦煌》，展现出甘肃省舞台艺术创作的勃勃生机。

甘肃传统戏曲文化源远流长，境内现有戏曲剧种 13 个，其中秦腔、陇剧、曲子戏、民勤曲子戏剧目创作较为丰富，为甘肃省内较为活跃且发展稳定的剧种。辉煌灿烂的历史文化，神奇辽阔的自然风光，绚丽多彩的民族风情，传承有序的戏剧文化，为甘肃艺术创作提供了取之不尽的创作源泉。改革开放以来，以《丝路花雨》《大梦敦煌》为代表的一批优秀剧目常演不衰，多部戏剧精品在全国文艺评奖和展演中屡获殊荣，扩大了甘肃文化在全国乃至世界的影响力。

## 《 二、甘肃省旅游资源

被视为中国古代高超铸造业象征的东汉青铜器——马踏飞燕，又名"马超龙雀""铜奔马"，就出土于甘肃省武威市雷台的东汉墓，1983 年被确定为中国旅游标志，并一直沿用至今。

甘肃现有敦煌莫高窟、长城（甘肃段）、丝绸之路：长安—天山廊道的路网（甘肃段）3 项世界文化遗产；有嘉峪关市嘉峪关文物景区、平凉市崆峒区崆峒山风景名胜区、天水市麦积区麦积山景区、酒泉市敦煌市鸣沙山月牙泉景区、张掖市七彩丹霞景区、临夏州炳灵寺世界文化遗产旅游区、陇南市官鹅沟景区 7 处国家 5A 级旅游景区。

### （一）莫高窟（世界文化遗产，5A 级景区）

莫高窟（图 7-2-1），位于甘肃省敦煌市东南 25 千米处的鸣沙山东麓断崖上，前临宕泉河，面向东，南北长 1 680 米，高 50 米。洞窟分布高低错落、鳞次栉比，上下最多有五层。它始建于十六国时期，据唐《李克让重修莫高窟佛龛碑》的记载，前秦建元二年（366 年），僧

图 7-2-1　莫高窟

人乐尊经此山，忽见金光闪耀，如现万佛，于是便在岩壁上开凿了第一个洞窟。此后法良禅师等又继续在此建洞修禅，称为"漠高窟"，意为"沙漠的高处"。后世因"漠"与

"莫"通用，便改称为"莫高窟"。近代，人们通常称其为"千佛洞"。莫高窟以其精美的壁画和塑像闻名于世，现有洞窟735个，壁画4.5万平方米、泥质彩塑2 415尊，是世界上现存规模最大、内容最丰富的佛教艺术宝库。近代以来，又发现了藏经洞，内有5万余件古代文物，并衍生出一门专门研究藏经洞典籍和敦煌艺术的学科——敦煌学。

### （二）张掖丹霞景区（5A级景区）

张掖丹霞景区（图7-2-2），位于肃南裕固族自治县白银乡和康乐乡及临泽县倪家营乡交界处，东西长40余千米，南北宽10余千米，总面积529平方千米。该丹霞地貌有窗棂状、

图7-2-2 张掖丹霞景区

宫殿状、柱廊状、泥乳状、叠板状、陡斜状和蜂窝状七大类型。其既有南方丹霞之秀美，又有北方雅丹之雄浑；与之相映成趣的彩色丘陵色彩斑斓、绚丽多姿、气势宏大。这两种奇特的地貌景观相互衬托，成为国内独特的地质遗迹，具有极高的观赏价值和重要的科研价值。2012年，经国土资源部批准正式设立为国家地质公园。

### （三）嘉峪关（5A级景区）

嘉峪关（图7-2-3），始建于明朝洪武五年（1372年），距今已经有600多年的历史。最初建成时，不过是一座6米高的土城，占地大约2 500平方米。之后，经过100多年的

图7-2-3 嘉峪关

不断完善，终于建成了比原来大数倍的天下雄关——嘉峪关。从此，大明帝国在万里长城的最西端有了对付外敌的坚固防御。

从整体上看，这座长城关口与长城连为一体，由内城、外城、瓮城、罗城和东西城壕组成。内城周长640米，面积2.5万平方米，城高10.7米，以黄土夯筑而成，整个布局十分肃穆。

## 素养导读 "品"美入我心 ▷▷

誓灭匈奴出汉关，征程万里凯歌还。2 100多年前，张骞出使西域"九译使车通，君王悦战锋"，霍去病马踏匈奴"封狼居胥山，登临瀚海边"，自此汉武帝收复河西走廊，

设置武威郡、张掖郡、酒泉郡、敦煌郡这河西四郡，至此，这条在当时看似"平平无奇"的走廊，却改变了往后中原王朝千年的命运。其中最关键的便是，让东西方文明交汇的"丝绸之路"出现了，中国古丝绸之路有 4 000 多千米，其中有 1 600 多千米就在甘肃，其省会兰州更是"丝绸之路经济带"甘肃黄金段上的重要节点城市。九天阊阖开宫殿，万国衣冠拜冕旒。1 400 多年前，到了唐朝，丝绸之路的发展可谓是达到了鼎盛时期，从古罗马一直到古欧洲、中亚、南亚，这些国家的商人们纷纷通过河西走廊来到大唐，而作为丝绸之路上的重要中转站，敦煌也盛极一时，中国的丝织品以及造纸、冶铁等各种技术相继西传，西方的毛皮、汗血马、瓜果等以及佛教等各种文化陆续东入，几乎半个世界的文化商品都在这里聚集发散，可以说长安城的繁华有一半都是依靠河西走廊这条丝绸之路撑起来的。

## 佳文导读　"析"美做实践

甘肃省敦煌莫高窟

各位嘉宾，大家好！欢迎来到世界文化遗产莫高窟参观游览，我是导游员小褚，今天我们要游览的是位于甘肃省敦煌市的莫高窟，俗称千佛洞，它以精美的壁画和塑像闻名于世，是世界上现存规模最大、内容最丰富的佛教艺术宝库。

莫高窟南北长 1 680 米，高 50 米。洞窟分布高低错落、鳞次栉比，上下最多有五层。它始建于十六国时期，据记载前秦 366 年时，僧人乐尊路经此山，忽见金光闪耀，如现万佛，于是便在岩壁上开凿了一个洞窟。此后法良禅师等又继续在此建洞修禅，称为"漠高窟"，意为"沙漠的高处"。后世因"漠"与"莫"通用，便改称为"莫高窟"。

北魏、西魏和北周时期，统治者崇信佛教，石窟建造得到王公贵族们的支持，发展较快，隋唐时期，随着丝绸之路的繁荣，莫高窟更是兴盛一时，在武则天时有洞窟千余个。莫高窟现存北魏至元代的洞窟有 735 个，壁画 4.5 万平方米，泥质彩塑 2 415 尊，以及数千块莲花柱石、铺地花砖等，色调热烈浓重，线条纯朴浑厚，人物形象挺拔，有西域佛教的特色。

隋唐是莫高窟发展的全盛时期，现存洞窟有 300 多个，其中殿堂窟的数量最多。这一时期的莫高窟壁画题材丰富、场面宏伟、色彩瑰丽，美术技巧达到空前水平，内容主要有佛像、经变、佛教史迹、佛教故事和供养人等。

从晚唐到五代，统治敦煌的张氏和曹氏家族均崇信佛教，为莫高窟出资甚多，因此供养人画像在这个阶段大量出现并且内容很丰富。这一时期典型的洞窟有第 61 窟和第 98 窟等，其中第 61 窟的地图《五台山图》是莫高窟最大的壁画，高 5 米，长 13.5 米，绘出了山西五台山周边的山川形胜、城池寺院、亭台楼阁等，堪称恢弘壮观。

莫高窟藏经洞是中国考古史上的一次非常重大的发现，出土文本大都是写本，少量为刻本，汉书书写的约占5/6，其他则为古代藏文、梵文、粟特文、回鹘文、龟兹文等。文书内容主要是佛经，此外还有道经、儒家经典、小说、诗赋、史籍、信札、状牒等，其中不少是孤本和绝本。这些对研究我国和中亚地区的历史，都具有重要的史料和科学价值，并由此形成了一门以研究藏经洞文书和敦煌石窟艺术为主的学科 —— 敦煌学。

各位嘉宾，敦煌莫高窟的参观游览到此就结束了，再见！

## 实训演练 →

### 一、实训要求

小褚通过系统学习，已经储备了相关知识，掌握了甘肃省的代表性文旅资源，即将在一周后的旅发大会期间，接待来自全国各省市自治区的文旅局领导及各位嘉宾，请帮小褚准备一篇敦煌导游词并进行模拟讲解。

### 二、实施步骤

1.根据本节课所学内容进行甘肃概况总结，并搜集敦煌莫高窟相关历史文化、石窟艺术等背景素材，进行资料梳理和整合。

2.做好讲解的仪容仪表、音量语速、手势走位等状态准备。

3.请与小组成员分享所写的导游词，并以小组为单位进行讲解展示，小组成员用评价表格进行点评，评出本组讲解最优秀的讲解员。

## 学习情境三　塞上江南 —— 宁夏回族自治区

宁夏是中华文明的发祥地之一，位于"丝绸之路"上，历史上曾是东西部交通贸易的重要通道，它地处中国西部的黄河上游，是我国五大少数民族自治区之一。宁夏简称"宁"，首府为银川市。宁夏主要的文旅资源有灵武水洞沟、中卫沙坡头、石嘴山沙湖旅游区等。

情境导入

　　小贾是宁夏大学旅游专业的一名在读研究生，下周亲戚朋友要来探望他，他准备好好发挥一下自己的专长，带亲戚朋友游览宁夏及周边著名景观。你能帮小贾做好资料整理及讲解服务的准备工作吗？

# 知识储备1 "习"美知天下

## 一、宁夏基本概况

### （一）地理与气候

#### 1. 地理位置

宁夏东邻陕西省，西部、北部接内蒙古自治区，南部与甘肃省相连，总面积为6.64万平方千米。

#### 2. 气候特点

宁夏地处中国内陆，是典型的大陆型气候，降水量南多北少，且大都集中在夏季，冬少严寒，夏天酷暑，春暖宜人，秋高气爽。

### （二）区划与交通

#### 1. 人口区划

截至2022年年末，宁夏回族自治区常住人口为728万人。宁夏全区辖银川市、石嘴山市、吴忠市、固原市和中卫市5个地级市；共9个市辖区、2个县级市、11个县，合计22个县级行政区划单位。

#### 2. 交通情况

宁夏目前已形成了立体化区域交通网络。现有银川河东国际机场、中卫沙坡头机场（原名中卫香山机场）、固原六盘山机场等3个机场。宁夏将形成以银川为中心，辐射西安、兰州、包头、太原等周边重要城市的高速铁路网。宁夏已打通高速公路省际出口4个，高速省际出口通道达12个，"三环四纵六横"高速公路网基本成形。

## 二、宁夏历史沿革

宁夏北部地区是中华民族古文明的发祥地之一。春秋战国时期，固原南部属秦，其余地区分别为义渠、乌氏、朐衍等部族的聚居地。秦始皇统一六国后，派兵北逐匈奴，在宁夏屯垦，沿黄河置县，开创了移民开发引黄灌溉农业的历史。汉代，宁夏各县先后分属北地郡和安定郡，实施移民屯垦，经济得到开发。唐天宝十四年（755 年），"安史之乱"爆发，太子李亨进入宁夏，次年在灵武郡（灵州一度改郡）登基继承帝位，即唐肃宗。当时，宁夏已成为中国东西交通贸易的重要通道之一。北宋宝元元年（1038 年），党项族首领李元昊以宁夏为中心，建立地方割据政权，国号大夏（史称"西夏"）。西夏以兴庆府为国都，形成了和宋、辽、金政权三足鼎立 189 年的局面。1227 年蒙古灭夏后，设立西夏中兴等路省。元至元二十五年（1288 年）降为甘肃省宁夏府路，始有"宁夏"地名。1929 年设宁夏省。1954 年，撤销宁夏省，将原属宁夏省的阿拉善旗、额济纳旗和磴口县划归内蒙古自治区。1958 年又成立宁夏回族自治区。

## 知识储备 2　"赏"美增见识

### 一、宁夏民族民俗

宁夏是一个多民族聚居的地方，有汉族、回族、东乡族、维吾尔族、哈萨克族、保安族等。宁夏是中国最大的回族聚居区，回族是虔诚信仰伊斯兰教的民族。

开斋节，是伊斯兰教的三大节日之一，回族回历的每年九月便是他们的斋月。斋月期间，每天东方发白前要吃饱饭。太阳落山前，断绝一切饮食。根据伊斯兰教教义，穆斯林们可于十月初开斋，故称开斋节。

古尔邦节在阿拉伯语中含有"牺牲"的意思，因而又称"宰牲节"。伊斯兰教创立后，把伊斯兰教太阴年 12 月 10 日定为"古尔邦节"。节日这天，回族穆斯林们不吃早点，沐浴礼拜，举行隆重的宰牲典礼。他们在清真寺里举行会礼，听阿訇朗读《古兰经》等教义，之后就要宰牛、羊或骆驼。

圣纪节，亦称圣忌节、冒路德节，是回族纪念伊斯兰教的创始人穆罕默德诞辰和逝世的纪念日。

### 二、宁夏风物特产

宁夏的特产有红宝枸杞、黄宝甘草、黑宝发菜、蓝宝贺兰石和白宝滩羊皮。特色小吃有油炸的馓子和油香，传统地道的羊肉泡馍，鲜嫩味美的手抓羊肉，香气四溢的烩羊杂等。宁夏也被誉为中国"枸杞之乡"。此外还有宁夏珍珠米、黄河鲤鱼、黄河鸽子鱼、灵武砟子炭、灵武长枣、葡萄酒、中卫硒砂瓜等特产，以及剪纸、刺绣、太西煤雕、通草堆画、草编工艺品、炭雕工艺品、沙雕和沙画等工艺纪念品。

## 知识储备3 "述"美展自信

### 一、宁夏文化艺术

#### （一）黄河农耕文化

"天下黄河富宁夏"，当黄河进入被高山和沙漠包围的宁夏境内，在转了一个"之"字形的大弯后，一改其原先的汹涌澎湃之水势，变得平缓而温柔，蜿蜒坦荡地流过宁夏平原，真正有了它，宁夏才成为大西北的"塞上江南，鱼米之乡"。

黄河平静地流淌过宁夏，沿途流经中卫、吴忠、银川等地，到石嘴山头道坎麻黄沟出境，其中流经宁夏引黄灌区的就有318千米，都属于"地下河"，这段河水里的泥沙含量非常少，有冲刷河床的能力，河床淤积少，不易泛滥。黄河水灌溉着宁夏平原两岸的农田，造福着当地的人民。黄河不但为宁夏带来了充沛的水源，其中携带的泥沙还肥沃了农田，良好的土壤资源与光热资源相得益彰。

#### （二）文学曲艺

宁夏的民间文学（回族民间故事）、传统音乐（宁夏回族山花儿）、回族民间器乐、北武当寺庙音乐、曲艺（宁夏小曲）、传统戏剧（秦腔）各具特色。在宁夏回族舞蹈中，主要有宴席曲、汤瓶舞和踏脚舞3种民间舞蹈。

### 二、宁夏旅游资源

宁夏有长城（宁夏段）1处世界遗产；有银川市灵武水洞沟旅游区、银川市镇北堡西部影视城、中卫市沙坡头旅游景区、石嘴山市沙湖旅游景区4处国家5A级旅游景区。

#### （一）沙湖（5A级景区）

沙湖（图7-3-1），位于宁夏石嘴山市平罗县西南，银川平原的中北部，西依贺兰山，东濒黄河，总体地势由南向北，因其与沙漠为邻，得名"沙湖"。

沙湖是我国北方荒漠半荒漠地区不可多得的自然生态综合体。总面积达82平方千米，其中水域面积22平方千米，沙漠面积12.7平方千

图7-3-1　沙湖

米。湖水的岸边就是沙漠，因此沙湖就是沙和湖的自然生态结合。

## （二）沙坡头（5A 级景区）

沙坡头（图 7-3-2），位于宁夏中西部，面积 1.3 万余公顷，既具西北风光之雄奇，又兼江南景色之秀美。站在沙坡头极目眺望，北面是一望无际的腾格里沙漠，南面是郁郁葱葱的绿洲，干与湿、黄与绿，就这么界限分明地结合在一起。

沙坡头研究价值很高，其一，壮丽的腾格里沙漠、雄伟的贺兰山、九曲黄河、沙漠绿洲荟萃一处，尤其是沙、河相连，沙为河堤的自然风光独特无比，不可再造；其二，"沙坡头治沙成果"本身就具观光价值，它给受沙害侵扰而日夜不安的人类带来了希望和曙光；其三，在沙坡头，有大量的新、旧石器时期遗址、古岩画、古陶窑遗址，秦汉长城古烽燧、古丝绸之路要塞、军事要冲、古水车等历史遗迹，它们证实着这里厚重的历史文化积淀，是华夏文明的发祥地之一。

图 7-3-2　沙坡头

## （三）水洞沟（5A 级景区）

图 7-3-3　水洞沟

水洞沟（图 7-3-3），位于宁夏灵武市临河镇水洞沟村，距银川市 19 千米，占地 7.8 平方千米。民国十二年（1923 年），由法国古生物学家德日进、桑志华在这里发现，通过发掘，出土了大量石器和动物化石。水洞沟因此而成为中国最早发掘旧石器时代的古人类文化遗址，被誉为"中国史前考古的发祥地""中西方文化交流的历史见证"，被国家列为"最具中华文明意义的百项考古发现"之一。

## （四）镇北堡西部影视城（5A 级景区）

镇北堡西部影视城（图 7-3-4）坐落于宁夏回族自治区首府银川市镇北堡镇，距离银川市区 20 千米。

作为中国西部唯一的一个影视城，从 20 世纪 80 年代始，包括在中国电影史上有着重要位置的《牧马人》《红高粱》《黄河谣》《黄河绝恋》《大话西游》《新龙门客栈》等影视剧

图 7-3-4　镇北堡西部影视城

作，均获得过国际国内大奖和好评。因而镇北堡西部影视城被誉为"中国电影从这里走向世界"的摇篮。

## 素养导读　"品"美入我心 ▶▶

如果说烟雨江南代表了婉约之美，那么塞北大漠则充满了阳刚粗犷，而在宁夏，这两种美被和谐地放到了一处，这是一种怎样的造化，如此神奇！贺兰山是银川平原的天然屏障，正是它阻挡了北方的风沙，使这里成为"塞上江南"。近年来宁夏回族自治区大力实施生态优先战略，扎实推进山水林田湖草沙一体化保护和系统治理，统筹森林、草原、湿地、荒漠生态保护修复，大力推进科学绿化试点示范区建设。全力打好黄河"几字湾"攻坚战，把保护黄河流域生态作为谋划发展、推动高质量发展的基准线，按照生产美、生态美、生活美的要求，打造现代产业廊道、生态旅游廊道、黄河文化廊道。

## 佳文导读　"析"美做实践 ▶▶

宁夏回族自治区贺兰山

各位朋友，大家好！欢迎您来到"塞上江南"宁夏，我是导游小贺，今天就让我带领大家一起去感受习总书记盛赞的"美丽新宁夏"吧。微微贺兰山雄浑壮观，黄河蜿蜒曲折，孕育了宁夏平原的美丽富饶。

现在我们就来到了距离宁夏银川市65千米的贺兰山岩画、国家4A级旅游景区、同时也是全国重点文物保护单位。唐代诗人韦蟾笔下的"贺兰山下果园成，塞北江南旧有名"，贺兰山岩画诞生于约一万年前，岁月失语，唯石能言。

在这片美丽神奇甚至还保持着原始荒蛮的峡谷里，原始先民在壁立如削的山体上，刻制了数以万计的古代岩画，创作的延续时间近万年，以其表现形式丰富、文化内涵深厚等特点而名冠世界岩画之首，为人们了解和研究古代游牧民族的历史、经济、文化和风土人情提供了极为珍贵的文物资料，堪称一处珍贵的民族艺术画廊。在国际岩画界享有崇高的地位，被誉为"石头上的史书"是世界最大、中国唯一一所岩画专题博物馆。

各位朋友，从博物馆出来后我们继续往前走，大家请看，这就是贺兰山岩画中的精品"太阳神岩画"了，磨刻在距地面40余米的石壁上，双目炯炯有神，看上去非常威武。相传在远古时代人们把畜牧的丰收、水草的丰茂，都归功于苍天的恩赐。太阳高高居于天上，主宰着万物，所以人们特别信仰太阳，便把太阳人格化，刻画成岩画上的样子是表示古人对太阳的崇拜。

青山绿树之中，我们欣赏着一幅幅形象逼真的岩画，仿佛穿越到了远古时代，岩画中的每一幅都仿佛有着灵动的生命，挂着亘古的微笑，涌动着鲜活的生命和智慧。到这里后，我们贺兰山岩画景区的参观游览就结束了，朋友们，再见！

## ▌ 实训演练 →

### 一、实训要求

小贾通过系统学习，已经储备了相关知识，掌握了宁夏回族自治区的代表性文旅资源，即将接待陕西省的亲戚好友来宁夏探亲旅游，请帮小贾准备一篇宁夏贺兰山的导游词并进行模拟讲解。

### 二、实施步骤

1. 根据本节课所学内容对宁夏概况进行总结，并搜集宁夏贺兰山相关历史文化、岩画艺术等背景素材，并进行资料梳理和整合。

2. 讲解前，做好仪容仪表、音量语速、手势走位等方面的准备。

3. 请与小组成员分享你所写的导游词，并以小组为单位进行讲解展示，小组成员用评价表格进行点评，评出本组最优秀的讲解员。

## 学习情境四　壮阔景全 —— 新疆维吾尔自治区

新疆维吾尔自治区位于中国西北边陲，自古以来就是祖国不可分割的一部分，拥有浩瀚无际的沙漠，白雪皑皑的大山，风光秀丽的草原，碧波荡漾的湖泊，让人震撼的胡杨林，大美新疆充满着无限的神秘色彩，是古丝绸之路的重要通道。新疆维吾尔自治区简称"新"，首府乌鲁木齐。新疆的主要文旅资源有天山天池、吐鲁番葡萄沟、喀纳斯、赛里木湖等。

### ▌ 情境导入

小天是新疆星空旅游策划工作室的一名实习导游，入职不久就接到了一个一行18人的自驾游问询策划任务。为了能更加有针对性地设计自驾路线，他需要对新疆有一个全面的了解，你可以帮助小天做好线路设计和讲解的准备工作吗？

# 知识储备1 "习"美知天下

## 一、新疆基本概况

### （一）地理与气候

#### 1.地理位置

新疆的南面和东面，分别与西藏、青海、甘肃相邻，周围与蒙古国、俄罗斯、哈萨克斯坦、吉尔吉斯斯坦、塔吉克斯坦、阿富汗、巴基斯坦、印度八国接壤。

#### 2.气候特点

新疆远离海洋，深处内陆，四周有高山阻隔，海洋气流不易到达，形成明显的温带大陆性干旱气候。晴天多，日照强，少雨干燥，风沙多，昼夜温差大。

### （二）区划与交通

#### 1.人口区划

截至2022年年末，新疆维吾尔自治区常住人口为2 587万人。新疆维吾尔自治区辖4个地级市、5个地区、5个自治州。4个地级市分别是乌鲁木齐、克拉玛依、吐鲁番和哈密。

#### 2.交通情况

截至2022年年底，新疆铁路通达所有地区（州、市），新疆铁路客运融入全国高速铁路主网；环准噶尔盆地高速公路全面建成，环塔里木盆地高速公路基本建成，所有地（州、市）迈入高速公路时代，所有县区（市、区）实现通二级以上公路，其中88%的县（市、区）实现通高速（一级）公路，所有乡镇和具备条件的建制村全部通硬化路、通客车；全疆民用运输机场布局不断优化，总数达到25个，位列全国第一，以乌鲁木齐国际航空枢纽为核心、支线机场为支撑的"空中丝绸之路"基础设施"硬联通"持续完善。

## 二、新疆历史沿革

新疆，古称西域，自古以来就是中国领土不可分割的一部分。自汉代开始，新疆地区正式成为中国版图的一部分。公元前138年、公元前119年，汉武帝两次派遣张骞出使西域，汉域同年设都护府作为管理西域的军政机构。公元123年，东汉改西域都护府为西域长史府，继续行使管理西域的职权。327年，前凉政权首次将郡县制推广到西域，设高昌郡（吐鲁番盆地）。隋代，结束了中原长期割据状态，扩大了郡县制在新疆地区的范围。

突厥、吐谷浑、党项、嘉良夷、附国等周边民族先后归附隋朝。唐代，中央政权对西域的管理加强，先后设置安西都护府和北庭都护府，统辖天山南北。元代设北庭都元帅府、宣慰司等管理西域军政事务，1251 年，西域实行行省制。明朝设立哈密卫作为管理西域事务的机构，并在嘉峪关和哈密之间先后建立安定、阿端、曲先、罕东、赤斤蒙古、沙州 6 个卫，以此支持管理西域事务。清代，清政府平定准噶尔叛乱，中国西北国界得以确定。1949 年，新疆和平解放。1955 年，新疆维吾尔自治区成立。

## 知识储备 2 "赏"美增见识

### 一、新疆民族民俗

新疆的维吾尔、哈萨克、柯尔克孜、塔吉克、乌孜别克、塔塔尔等民族构成了新疆独特的民俗风情，这些民族中的大部分人具有相同的信仰——伊斯兰教。古尔邦节和肉孜节是当地盛大的节日，此外还有维吾尔族、哈萨克族、柯尔克孜族、乌孜别克族和塔吉克族等民族共同的传统民族节日——诺鲁孜节，蒙古族的那达慕大会，锡伯族的西迁节等。

叼羊是在新疆十分流行的一种比拼活动，讲究的是作战技术和与队友之间的合作，这是一场正能量的比拼。

"姑娘追"既是一种体育活动，也是骑术比赛，每当繁花似锦的夏季来临时，草原就会举办"姑娘追"活动。哈萨克族男女青年为了反抗父母包办婚姻的封建做法开创出了一种自由相亲、自由恋爱的方式。

### 二、新疆风物特产

新疆是著名的"水果之乡"。库尔勒香梨原产于新疆巴音郭楞蒙古自治州和阿克苏等地，至今已有 1 300 年的栽培历史，为古老的地方优良品种。因巴州库尔勒市种植面积最多、品种品质最好而得名，并远销美国、东南亚、欧洲等国家和地区。浓香四溢的库尔勒香梨，酥软、落地即碎，香在齿间甜在心中。新疆是我国栽培葡萄的发源地，新疆的葡萄品种共有 50 多个，主要有马奶葡萄、无核白葡萄、玫瑰香、黑葡萄等。葡萄有球形、椭圆形，有的如珍珠般晶莹，有的如玛瑙般鲜艳，有的如翡翠般碧绿。每年所产的葡萄超过 6 000 吨①，生产葡萄干 300 余吨，堪称"世界葡萄植物园"。

---

① 1 吨 =1 000 千克。

# 知识储备3 "述"美展自信

## 一、新疆文化艺术

### （一）西域文化

新疆古称"西域"，是中国古代丝绸之路的主要枢纽，早在2 000多年前，新疆地区就是中华文明向西开放的门户，是东西方文明交流传播的重地，这里多元文化荟萃、多种文化并存，中原文化和西域文化长期交流交融，既推动了新疆各民族文化的发展，也促进了多元一体的中华文化的发展。

西域文化大致分为天山以北的草原游牧文化、屯垦文化和南部绿洲农耕文化三种类型：①草原游牧文化。两汉以匈奴、大月氏、乌孙为代表的游牧文化；②屯垦文化。主要以汉民族为主体的边关屯戍文化；1949年，新疆和平解放后，生产建设兵团沿边境线开垦、戍守形成的新时代的屯垦——兵团文化；③绿洲农耕文化。新疆南疆绿洲农耕文化形成于3000年前的铁器时代，汉代基本定型，魏晋时期得到发展，唐宋时期达到顶峰，绵延到清代。

### （二）文学曲艺

15世纪前后，蒙古族卫拉特英雄史诗《江格尔》在新疆地区逐渐形成，与《玛纳斯》《格萨（斯）尔》一起被誉为我国民族文学领域的"三大史诗"。

新疆自古就有"歌舞之乡"的誉称，主要有纳孜库姆、十二木卡姆、龟兹乐舞、刀郎舞、阿肯弹唱、塔吉克族的鹰舞、萨满舞、新疆花儿等。"木卡姆"是大型套曲的意思，"十二木卡姆"就是指十二部大型套曲。全部十二木卡姆共有乐曲、歌曲340余首，以器乐合奏、音乐和歌舞演奏、群众歌舞大联欢的"三部曲"形式演出。一次完整的演出需要24~27小时。新疆维吾尔木卡姆艺术已列入《人类非物质文化遗产代表作名录》。

## 二、新疆旅游资源

新疆现有世界遗产3处：天山、长城（新疆段）、丝绸之路（新疆段）；有国家5A级旅游景区17处，即新疆天山天池风景区、吐鲁番市葡萄沟风景区、阿勒泰地区喀纳斯景区、伊犁哈萨克自治州那拉提旅游风景区、阿勒泰地区可可托海景区、喀什地区泽普县金湖杨景区、乌鲁木齐市天山大峡谷、巴音郭楞蒙古自治州博斯腾湖景区、喀什地区喀什市古城景区、伊犁哈萨克自治州喀拉峻景区、巴音郭楞蒙古自治州巴音布鲁克景区、新疆生产建设兵团第十师白沙湖景区、喀什地区帕米尔旅游区、克拉玛依市世界魔鬼城景区、新疆生产建设兵团阿拉尔市塔克拉玛干·三五九旅文化旅游区、博尔塔拉蒙古自治州赛里木湖景区、昌吉回族自治州江布拉克景区；有国家级旅游度假区 1 处：那拉提旅游度假区。

### （一）天山天池（世界遗产，5A 级景区）

图 7-4-1　天山天池

天山横亘在新疆中部，是准噶尔盆地和塔里木盆地的天然分界线。在天山东麓的最高峰博格达峰半山腰上，平均海拔 1 928 米的地方，有个久负盛名的高原湖泊，那便是天池（图 7-4-1）。

"一池浓墨沉砚底，万木长毫挺笔端"的天池，形成于 200 余万年以前第四纪的冰川活动，南北长约 3 400 米，东西最宽处约 1 500 米，湖面面积约 5 平方千米，呈半月形，是一座平均海拔 1 928 米的高山冰碛湖，是世界著名的高山湖泊。

### （二）喀纳斯湖（5A 级景区）

喀纳斯湖（图 7-4-2），位于新疆维吾尔自治区布尔津县北部，是一个位于阿尔泰山深山密林中的高山湖泊，"喀纳斯"原名哈纳斯，是蒙古语，意为"神秘而美丽的湖泊"或"峡谷中的湖"。喀纳斯湖是我国第二深水湖和最深的冰碛堰塞湖。湖面海拔 1 374 米，平均水深约 90 米，最深处达 188.5 米。喀纳斯湖有着变幻莫测的容颜。随着温度的变化，湖水无声无息地变幻着曼妙身姿，湛蓝、碧绿、火红，因此喀纳斯湖有了"变色湖"的美称。

图 7-4-2　喀纳斯湖

### （三）塔克拉玛干沙漠——世界第二大流动沙漠（5A 级景区）

塔克拉玛干沙漠（图 7-4-3）东西延绵 1 000 千米，南北宽达 400 多千米，面积约 33.76 万平方千米，占据我国沙漠总面积的 47%，是我国最大的沙漠，也是世界第十的大沙漠。

塔克拉玛干沙漠因处于亚欧大陆腹地，远离海洋，属于典型的大陆性气候。夏季，直射的阳光如毒蛇的芯子舔舐着塔

图 7-4-3　塔克拉玛干沙漠

克拉玛干沙漠，使沙子的表面温度高达 80℃，如果放上一枚生鸡蛋，数分钟就能被烤熟。

## 素养导读　"品"美入我心 》》》

新疆是一本美丽的油画作品，画里流淌着动人的风景，让每一个走过的人无不动心。翻开画册，那浩瀚无垠的沙漠，那举世瞩目的佛教洞窟，那一排排挺拔高大的胡杨林，天山永不融化的冰雪之城，喀纳斯神秘而久远的神话，还有那颗颗绿珍珠般的吐鲁番葡萄，都在用热情的声音告诉人们，这就是大美新疆。新疆有 55 个少数民族，各民族之间相互交融、相互尊重，形成了独特的民族文化景观，作为一带一路的重要节点，新疆在国际交流和合作中扮演着重要角色。新疆，永远以它的雍容古城、丰硕瓜果、丝路之境，站立在西域边陲。世界古文化在此汇聚，奇迹在这里上演……

## 佳文导读　"析"美做实践 》》》

新疆天山天池

各位同学，大家好！欢迎来到大美新疆，我是导游小天。今天我们要游览的是横亘在新疆中部的天山天池。在许多美丽的传说中，那些神秘的深山幽谷里，总是藏匿着世间最动人心魄的景色。位于博格达峰半山腰的天池就像是蒙着一层面纱，总是一副美丽而神秘的模样，它不仅有着神秘的自然之美，还流传着各种各样的神话故事。

"一池浓墨沉砚底，万木长毫挺笔端"的天池，形成于 200 余万年以前第四纪的冰川活动，南北长约 3 400 米，东西最宽处约 1 500 米，湖面面积约 5 平方千米，呈半月形，是一座平均海拔 1 928 米的高山冰碛湖，是世界著名的高山湖泊。

同学们，我们从石门一线沿着甬道盘山进入天池景区。随着渐渐步入大山深处，海拔也逐渐升高，空气也变得愈加清凉，盛夏的酷热黏腻气息也荡然无存，迎面而来的只有清秋的凉爽。你听！水声轰鸣，慢慢前行，震天巨响愈加清晰，一面巨大的银帘从峭壁上方悬挂下来，阻隔了视线。瀑布飞流而下，犹如万马奔腾，飘洒的蒙蒙细雨般的水珠把草木、岩石都洗刷一新。

绕过轰鸣作响的大瀑布，就是瀑布的源头 —— 东小天池。一池平静的湖水，如铜镜般波澜不惊，深不见底。难以想象，这样平静的湖水倾泻而下，竟造成了波澜壮阔的大瀑布。走到瀑布尽头，我们便来到了博格达峰的半山腰，这里就是天池的所在地了。

天池旁流传着许多神话传说，这些神话传说给天池美丽的自然景象蒙上了一层神秘的面纱。

我们漫步湖边，绿树如茵，怪石嶙峋，环山含烟笼罩。远处是白茫茫的雪山，近处是密密的杉树林，岸边有几艘精致的小船停靠，让人禁不住美景的诱惑，欲乘一条小船荡漾在这湖光山色的奇景中。

天池是大自然独具匠心的杰作，它见证了历史的沧海桑田，造就了一方壮美异常的人间天堂，以它的灵山秀水、神秘诱人饮誉古今。天池的游览到这里就结束了，同学们再见！

## ▌▌实训演练　→

### 一、实训要求

小天通过系统学习，已经储备了相关知识，掌握了新疆的代表性文旅资源，即将接待一个从甘肃省来新疆天山天池旅游的自驾游团队，请帮小天准备一篇天山天池的导游词并进行模拟讲解。

### 二、实施步骤

1. 根据本节课所学内容对新疆概况进行总结，并搜集天山天池相关历史文化、灵山秀水等背景素材，进行资料梳理和整合。

2. 讲解前，做好仪容仪表、音量语速、手势走位等方面的准备。

3. 请与小组成员分享你所写的导游词，并以小组为单位进行讲解展示，小组成员用评价表格进行点评，评出本组最优秀的讲解员。

# 青藏高原地区 —— 世界屋脊 藏域秘境

青藏地区，中国四大地理区划之一，其主体是青藏高原，包括青海省、西藏自治区、四川省西部、云南省和甘肃省的一小部分。这里适于耕种的土地很少，但草场广布，是我国重要的牧区，主要城市有拉萨、玉树、西宁等。

## 学习目标 →

1.了解青藏高原地区省份的基本情况和历史变迁；熟悉青海省、西藏自治区的特产美食代表；掌握青藏高原地区著名的文化旅游景观。

2.能够运用所学知识形成知识脉络；能够较流畅地对青海省、西藏自治区的概况进行导游讲解。

3.树立对青藏高原地区的优秀传统文化的自信心，为传播青藏高原地区的文旅资源而自豪。

## 学习情境一 大美之地 —— 青海省

青海省位于祖国西部，雄踞世界屋脊青藏高原的东北部，全省均属青藏高原范围内。因境内有国内最大的内陆咸水湖——青海湖而得名，简称"青"，省会西宁市。它拥有广阔的土地和多样的气候，是一个充满自然美景和历史文化的地方。青海省主要的旅游资源有青海湖、可可西里、三江源、塔尔寺等。

情境导入

　　小静是土生土长的青海本地人，现就读于青海大学旅游系，舍友来自全国各地。周末或节假日时，小静就主动以当地导游的身份带着舍友在青海各个景观参观游玩。你可以帮助小静做好讲解服务的准备工作吗？

# 知识储备1　"习"美知天下

## 一、青海省基本概况

### （一）地理与气候

#### 1. 地理位置

　　青海省位于我国的西北内陆，北部和东部分别是甘肃省和四川省，西北部与新疆维吾尔自治区相接壤，南部、西南部与西藏自治区相连。青海省面积72.23万平方千米，居全国第四位。

#### 2. 气候特点

　　青海冬寒漫长，夏凉短促，春秋相似，日温差大。地区间差异大，垂直变化明显，太阳辐射强度大，光照时间长。

### （二）区划与交通

#### 1. 人口区划

　　青海省地广人稀，人口较少。2022年年末，青海省常住人口为595万人。青海省辖2个地级市、6个自治州，共8个地级行政区划单位。其中2个地级市分别是西宁市和海东市，6个民族自治州分别是海南藏族自治州、海北藏族自治州、黄南藏族自治州、玉树藏族自治州、果洛藏族自治州和海西蒙古族藏族自治州。

#### 2. 交通情况

　　青海省境内5条国道构成"两横"（G109、G315）、"三纵"（G214、G215、G227）主骨架，省道、县乡道路相连，形成辐射全省城乡牧区的公路网。青海有西宁曹家堡机场、玉树巴塘机场、海北祁连机场等7个机场。

2020 年 9 月全线开工的西成铁路，是中国中长期铁路网规划"八纵八横"高速铁路主通道兰（西）广通道的重要组成部分，是连接青海省西宁市与四川省成都市之间的快速铁路干线。

## 二、青海省历史沿革

青海省具有悠久的历史。在距今约 3 万年的旧石器时代晚期，青海西部已有人类活动。省内中石器时代文化有拉乙亥遗址，新石器时代有马家窑文化的大量遗存，青铜器时代有齐家文化、卡约文化、辛店文化、诺木洪文化等丰富的遗迹遗物。秦代以前，青海一直是羌人的主要活动区域。西汉之初，生活在青海地区的羌族部落大概有数十个。他们过着"逐水草而居"的生活，主要从事狩猎及原始畜牧业和农业生产。南宋时期，成吉思汗发动战争，把青海东部地区纳入蒙古汗国版图，忽必烈建元后设甘肃行省，清初，南部藏族又进入青海古南北，蒙藏杂居至今。1929 年 1 月，青海省正式成立。1949 年 9 月 5 日，西宁解放。1949 年 9 月 26 日，青海省人民军政委员会宣告成立。1950 年 1 月 1 日，青海省人民政府正式组成，以西宁为省会。

# 知识储备 2 "赏"美增见识

## 一、青海省民族民俗

青海省少数民族聚居区占全省总面积的 98%，有藏族、回族、土族、撒拉族和蒙古族等 5 个世居少数民族，是一个多民族聚居的省份，以土族和撒拉族为主。

土族人民淳朴好客，民间有"客来了，福来了"的说法。有客人来访，他们首先请客人在铺有大红羊毛毡的炕上坐定，然后敬一杯加青盐的浓茯茶，再端上西瓜般大小的"孔锅馍"。喝酒时，主人先向客人敬酒三杯，叫作"上马三杯酒"。不能喝酒的人，用中指蘸三滴，对空弹三下即可免喝。

撒拉族主要分布在青海，没有本民族文字，通用汉字。撒拉族严格遵守伊斯兰教的宗教制度和基本信仰，实行念、礼、斋、课、朝五项功修，尊奉《古兰经》、圣训。

## 二、青海省风物特产

青海土族刺绣具有浓郁的民族气息，题材广泛、内容丰富、绣法多样。主要表现在对服饰的精心装饰上，土族人的头饰、衣领、衣胸、辫筒、腰带、围肚、鞋袜以及枕巾、针扎、荷包、烟袋、背包等都有刺绣。青海工艺品有藏刀、藏毯、唐卡等；青海特色小吃有酸奶、酿皮、馓子、手抓羊肉、尕面片、抓面等；名酒有互助青稞酒；著名的中药材有冬虫夏草、红景天、雪莲、麝香、鹿茸、大黄、枸杞等。青海的藏族以酥油茶和糌粑为日常主食，藏区的风干肉是一种极具代表性的食品。回族以面食为主，最出名的有手抓羊肉、牛羊肉杂碎、羊肉泡馍等。回族人民喜爱喝茶，其中最有特色的茶称为"盖碗茶"，俗称"三炮台"。

## 知识储备3　"述"美展自信

### 一、青海省文化艺术

#### （一）藏文化发祥地之一

从文化地理上来说，青海省是藏文化的发祥地之一，战略地位重要。藏族作为青海少数民族人口最多的民族，在文化艺术、建筑、医药、科技、宗教等方面创造了辉煌成就。

青海可以分为东部河湟谷地农业区、西部牧业区和青南高原牧业区，不同的生活方式造就了不同的文化，并通过历史时期的交流和互动形成了今天青海境内丰富多彩的文化特点。

青海也是藏传佛教的发祥地，尤其是藏传佛教后期，青海的历史作用尤为重要。再从宗教文化看，青海对全国藏区的宗教史和信仰传播活动都具有特殊影响。这里也是汉藏文化的交汇地带，尤其对西藏产生了直接影响，所以历代中央政府大多采取"安藏必先安青"的策略。通过青海把西藏和内地联系在一起。可以说青海的稳定和发展，对于保持西藏稳定发展、支援西藏建设、巩固西南边防、维护祖国领土完整具有极其重要的作用。

#### （二）文学曲艺

《格萨尔》史诗是中国西部地区最为著名的民间史诗之一，它的形成与发展几乎与藏族文化的演变历程相辅相成。这部千古传世之作，既是藏族人民心中的英雄史诗，也是中华民族宝贵的文化遗产。

作为"西北民歌之魂"的花儿，又被称为"少年"，一般只在山野歌唱，并且要回避长辈及家人。2009年，花儿被联合国教科文组织列入人类非物质文化遗产名录。青海作为河湟花儿的主要传唱地区，历史悠久，曲令众多，歌手辈出。尤其是青海境内的花儿会——民和七里寺花儿会、乐都瞿昙寺花儿会等，其历时之长、规模之大、参与人数之多、涉及范围之广，形成了独特的花儿文化魅力。青海还有平弦、越弦、目连戏、骆驼戏等各种曲艺形式。

## 二、青海省旅游资源

青海省的世界遗产有长城（青海段）、可可西里 2 处；有青海湖景区、西宁市塔尔寺景区、海东市互助土族故土园旅游区、海北州阿咪东索景区 4 处国家 5A 级旅游景区。青海省三江源国家级自然保护区是我国面积最大的湿地类型国家级自然保护区。

### （一）可可西里（世界文化遗产，5A 级景区）

可可西里国家级自然保护区（图 8-1-1），位于青海省玉树藏族自治州西北部，总面积 4.5 万平方千米，平均海拔 4 600 米以上，是我国目前建成的最大的无人区自然保护区之一。

可可西里自然保护区是目前世界上原始生态环境状态保存最完好的地区之一，也是最后一块保留着原始状态的自然之地。严酷的自然环境让

图 8-1-1　可可西里国家级自然保护区

可可西里成为无人区。然而因为受人为影响较小，可可西里成为青藏高原珍稀动物基因库。其动物种群密度之大、数量之多远远超过其他任何地区，可称得上是野生动物王国。

### （二）青海湖（5A 级景区）

青海湖（图 8-1-2），古称"西海"，蒙古语称为"库库诺尔"，意思是青色的湖。青海湖湖面海拔 3 260 米，面积为 4 583 平方千米，是中国最大的咸水湖。在汉代曾经被称为"仙湖"。千百年来，青海湖是居住在这里的藏族人民心中的"圣湖"。每年，当地藏族群众都会成群结队地来到湖边，用自己的方式来"祭海"，以祈求国泰民安、人畜兴旺、五谷丰登。

图 8-1-2　青海湖

### （三）塔尔寺（5A 级景区）

青海省湟中县鲁沙尔镇西南隅的塔尔寺（图 8-1-3），始建于明嘉靖三十九年（1560年），整个寺院依山就势，占地 600 亩，共有大小 11 座佛殿，素有"天下第一庄严"的盛誉，为我国藏传佛教黄教六大丛林之一。

图 8-1-3　塔尔寺

　　塔尔寺在藏语中为"衮本贤巴林"，翻译成汉语就是"十万狮子吼佛的弥勒寺"，这里是宗喀巴的诞生地。后来信徒及僧众以塔为中心，建造了大金瓦殿，又用银塔取代了原来的砖塔，以后又陆续扩建了殿堂、佛塔、僧舍等，形成了今日如此庞大的建筑规模。

## 素养导读　"品"美入我心

　　《中国国家地理》杂志主编单之蔷先生曾经这样描述青海：对边疆，她像内地；对内地，她像边疆。在中国省份面积排行第四的青海，是一个神奇而美丽的地方。青海省位于青藏高原的东北部，处在中国三大自然区的交会地带，是黄河、长江、澜沧江、黑河等河的发源地，其生态位置十分重要。青海也是藏文化的发祥地之一，又是多民族文化的交会地带，处在我国西部民族文化过渡地带的枢纽位置，战略位置尤为重要。青海红色文化孕育于伟大的红军长征精神，"两弹一星"精神以及高原筑路精神、柴达木精神和玉树抗震救灾精神等为原生态而形成的"新青海精神"，引领新一代青海人树立坚定的理想信念，牢记历史责任和使命。

## 佳文导读　"析"美做实践

　　各位医生，大家好！欢迎来到"江河源头、海藏咽喉"的青海省参观游览，我是导游小静。今天我们要游览的是中国最大的咸水湖——青海湖，湖面海拔 3 260 米，东西长约 106 千米，南北最宽处为 63 千米，面积 4 583 平方千米。

青海省青海湖

　　青海湖古称"西海"，蒙古语称为"库库诺尔"，意思是青色的湖，没有来过青海湖的医生朋友肯定会想这里的湖水一定是蓝色的。可是当我们真正走近青海湖时，您或许可以有机缘看到青海湖原来并不是单一的蓝色。其实，在不同的地方、不同的角度、不同的时间、不同的季节里，青海湖的颜色在不断变化着，或青或蓝，或绿或灰，或赤橙黄绿青蓝紫同时出现在浩渺的烟波中。只有这时，或许我们才可以理解为什么汉代将青海湖称为仙湖了。

青海湖的自然风光之美是大家公认的，同时青海湖还生活着大量的飞禽走兽，故而被誉为"生物多样性的基因库"。青海湖中最具魅力的地方要数"蛋岛"和"海西皮"了。尤其值得一提的是在"海西皮"东面有一个悬崖耸出湖面之上，岛前有一个突兀的孤岩，它犹如一口巨钟倒扣在青海湖中，如今这座突兀的孤岩已经成为鸟岛的标志了，在青海湖的门票上就印着它……数千只鸬鹚在这座石岩浑圆的脊背上建成了一个又一个的窝，远远望去，俨然就是一个鸬鹚王国的湖中城堡。

可能有的医生要问了，为什么青海湖会成为候鸟的集散地呢？一个重要原因就是青海湖为这些鸟类提供了丰富的食物资源。在青海湖中盛产一种鱼——湟鱼，学名叫"青海湖裸鲤"，是青海湖的特有鱼种，因肉质细腻、口味香浓而闻名，成为鸟类不可或缺的食物。

青海湖是高原圣湖，保护青海湖的生态环境，就是保护自己和后代子孙，相信每个人都会为圣湖的明天而努力，让青海湖的美丽神话和青海湖长留天地间。今天的青海湖之行到这里就结束了，各位医生再见！

## 实训演练 →

### 一、实训要求

小静通过系统学习，已经储备了相关知识，掌握了青海省的代表性文旅资源，即将和来自浙江，目前和她一起就读于青海大学的几位同学去参观游览青海湖。请帮小静准备--篇青海湖导游词并进行模拟讲解。

### 二、实施步骤

1.根据本节课所学内容对青海省概况进行总结，并搜集青海湖相关历史文化、成为高原圣湖的原因等背景素材，进行资料梳理和整合。

2.讲解前，做好仪容仪表、音量语速、手势走位等方面的准备。

3.请与小组成员分享你所写的导游词，并以小组为单位进行讲解展示，小组成员用评价表格进行点评，评出本组最优秀的讲解员。

## 学习情境二　雪域藏乡 —— 西藏自治区

西藏是中国西南边陲的重要门户。西藏以其雄伟壮观、神奇瑰丽的自然风光闻名。它地域辽阔，地貌壮观，资源丰富。自古以来，这片土地上的人们创造了丰富灿烂的民族文化。西藏自治区简称"藏"，首府驻地为拉萨。西藏主要的文旅资源有布达拉宫、大昭寺、扎什伦布寺、雅鲁藏布大峡谷等。

### 情境导入

　　小许是西藏友好旅行社的一名实习导游。前几天她接到定居广东的姨妈的电话，姨妈告诉小许他们一家五口下周来西藏探亲，并想游览西藏周边的特色景点。为了接待好姨妈一家五口，小许应该做哪些准备工作呢？

### 知识储备1　"习"美知天下

#### 一、西藏自治区基本概况

##### （一）地理与气候

###### 1. 地理位置

西藏自治区位于我国西南边疆、青藏高原西南部，西南与印度、尼泊尔、不丹三国为邻，东与四川省以金沙江为界，东南与云南省及缅甸相邻，北部与青海、新疆2省区接壤。

###### 2. 气候特点

西藏属高原气候区，其特点是气温较低，降水较少，空气稀薄，日照充足，昼夜温差大。干湿分明，多夜雨；冬春干燥，多大风；空气稀薄，气压低，氧气含量较少。自东南向西北依次为热带、亚热带、高原温带、高原亚寒带、高原寒带等气候类型。

## （二）区划与交通

### 1. 人口区划

2022 年年末，西藏自治区常住人口为 364 万人。西藏下辖 6 个地级市、1 个地区，即拉萨市、日喀则市、山南市、林芝市、昌都市、那曲市和阿里地区。

### 2. 交通情况

目前，西藏已形成 5 条国道为主干、14 条省道为支架、20 条县道、57 条乡道、12 条专用公路和 79 条边防专用公路的公路网络。同时还基本形成了由公路、航空、管道运输组成的交通运输网。

西藏现有拉萨贡嘎机场、林芝米林机场、日喀则和平机场、昌都邦达机场和阿里昆莎机场 5 个民用机场，区内支线航空网络初步形成，国内外航线增至 63 条，通航城市 40 个。被誉为"天路"的青藏铁路的通车结束了西藏没有铁路的历史，它全长 1 956 千米，是世界上海拔最高、在冻土上路程最长的高原铁路，是世界铁路建设史上的一座丰碑。

# 《《 二、西藏自治区历史沿革

早在 4000 多年前，藏族的祖先就在雅鲁藏布江流域繁衍生息了。两汉时属西羌人的一支。公元 7 世纪初，松赞干布统一了西藏高原，建立了吐蕃王朝，与唐朝建立了密切的关系。1271 年，蒙古大汗忽必烈定国号为元，西藏成为中央政府直接治理下的一个行政区域。明朝在行政区划与军政机构设置上基本承袭了元朝的划置方式，设立乌思藏、朵甘两个卫指挥使司和俄力思军民元帅府。1652 年，藏传佛教格鲁派五世达赖喇嘛应召到北京觐见清世祖顺治皇帝，次年受到清朝正式册封；后来，五世班禅又受到康熙皇帝的册封。达赖喇嘛和班禅额尔德尼的封号和他们在西藏的政治宗教地位由此被正式确立。1727 年，雍正皇帝正式设立驻藏大臣处理西藏事务。乾隆皇帝时形成了以"金瓶掣签"认定活佛转世灵童的制度，并以国家法律的形式确定下来。

1951 年 5 月 23 日，中央人民政府与西藏地方政府签订《中央人民政府和西藏地方政府关于和平解放西藏办法的协议》，西藏和平解放。1956 年，西藏自治区筹备委员会成立。1965 年，西藏自治区正式成立。

## 知识储备 2 "赏"美增见识

### 一、西藏自治区民族民俗

西藏是以藏族为主体的少数民族自治区，全区还有汉族、门巴族、珞巴族、回族、纳西族等民族。

藏族是最重视衣物与装饰的民族之一，深入西藏，处处可见藏族人民身着宽大舒适的藏袍、华丽鲜亮的皮帽与粗犷舒适的牛皮靴子。西藏最常见的特色食物有酥油茶、奶茶、青稞酒、糌粑与风干肉等，它们是抵御高原酷寒的绝佳食物。牧帐与碉楼是西藏最传统的民居，此外还有庄园、古堡等。藏族是我国节日庆典最多的民族之一，较具代表性的传统节日有藏历新年、望果节、林卡节等，大型的宗教节日有雪顿节、传昭大法会等。每逢年节之际，热情的藏族人民聚集起来，顿足为节连臂踏歌，跳起传统的锅庄、堆谐、热巴卓、羌姆等。

### 二、西藏自治区风物特产

西藏藏香是一种传统的香料，被用于宗教仪式和日常生活中，具有浓郁的香气；藏毯以其精湛的手工技艺、鲜明的色彩和丰富的图案而著名，是西藏的代表性工艺品；唐卡是一种寺庙壁画，通常用于宗教仪式和装饰，以其精美的绘画技艺和宗教主题而著名；藏药是藏族传统的草药医学，采用植物、矿石和动物等材料用于治疗各种疾病。西藏自治区是中国药材的重要产地之一，全境有药用植物达 1 000 种，具有独特风格的西藏药材 300 多种。

藏族有独特的食品结构和饮食习惯，酥油、茶叶、糌粑、牛羊肉被称为西藏饮食的"四宝"。藏餐是中国餐饮系列中的流派之一，分为主食、菜肴、汤三大类。著名菜肴有炸灌肺、蒸牛舌、汆灌肠。特色小吃有风干牛羊肉、白肠、黑肠、酥油茶等。果品有苹果、梨、桃、核桃、葡萄、石榴、树莓、草莓、醋栗等。

# 知识储备3 "述"美展自信

## 一、西藏自治区文化艺术

### （一）西藏文化

藏族本土文化原本是由位于雅鲁藏布江流域中部雅砻河谷的吐蕃文化和位于青藏高原西部的古象雄文化逐渐交融而形成的。到了7世纪松赞干布时期，佛教从中原、印度、尼泊尔传入吐蕃，逐渐形成和发展为独具特色的藏传佛教。与此同时，南亚的印度、尼泊尔文化及西亚的波斯文化、阿拉伯文化等，特别是中原的汉文化，对西藏文化的发展产生了较大的影响。

在西藏文化的历史发展过程中，藏族建筑艺术和雕塑、绘画、装饰、工艺美术等造型艺术及音乐、舞蹈、戏剧、语言文字、书面文学、民间文学、藏医藏药、天文历算均达到了很高的水平。

### （二）文学曲艺

藏文《大藏经》简称"藏经"，是佛教典籍汇编而成的总集。藏文大藏经分为两个部分，一部分叫《正藏》也叫"甘卓尔"；还有一部分是《副藏》名"丹卓尔"，《大藏经》可以说是人类文化历史上罕见的财富。

西藏是中国佛教历史发源地，有着悠久历史的藏族早就有了自己独特的戏剧形式——藏戏。公认的藏戏祖师是14世纪时的高僧唐东嘉波。经过几百年的锤炼，藏戏保留下的剧目可谓经典，俗称"十三大本"。藏戏深受藏族人民的欢迎。一场出色的藏戏经常能吸引藏族人民们策马百里而来。

## 二、西藏自治区旅游资源

西藏拥有世界文化遗产1处：拉萨布达拉宫历史建筑群（布达拉宫、大昭寺、罗布林卡）；拥有国家5A级旅游景区5处：布达拉宫、大昭寺、巴松措、扎什伦布寺、雅鲁藏布大峡谷；拥有国家级旅游度假区1处：林芝市鲁朗小镇旅游度假区。

### （一）布达拉宫（世界文化遗产，5A级景区）

布达拉宫（图8-2-1），位于海拔3 750米的红山上，占地面积10万多平方米，主体建筑可以分为白宫、红宫与其他附属建筑。它以前曾是西藏政教合一的统治中心，现已成为拉萨乃至整个西藏的标志。

7 世纪时，吐蕃王朝的松赞干布建都拉萨，为了迎娶远道而来的文成公主，在此建起初期规模并不宏大的红山宫。随着王朝的强大兴盛，这座宫殿渐渐成为松赞干布号令吐蕃的政治中心，整体规模也日益扩大，红山在当地藏传佛教的人们心中犹如观世音菩萨居住的普陀山，五世达赖喇嘛为宫殿取名为"布达拉宫"。"布达拉"源于梵语，是佛教圣地"普陀"的音译，意即观世音菩萨所居之岛。白宫因为外墙白色而得名，共有七层，横贯布达拉宫两翼。

图 8-2-1　布达拉宫

## （二）大昭寺——拉萨的灵魂（5A 级景区）

大昭寺（图 8-2-2）始建于 647 年，是藏王松赞干布迎娶尼泊尔尺尊公主后，为其修建的宫殿，距今已有 1 370 多年的历史。大昭寺是西藏现存最古老的仿唐式汉藏结合土木结构建筑，融合了藏、唐、尼泊尔、印度的建筑风格，后来又经过元、明、清历代修缮与扩建，现在的占地面积已达 25 100 多平方米，对藏传佛教及藏族社会产生了巨大而深远的影响。

图 8-2-2　大昭寺

## （三）雅鲁藏布大峡谷（5A 景区）

雅鲁藏布大峡谷（图 8-2-3），是在南侧印度洋板块北上向欧亚板块俯冲碰撞和东侧又受到太平洋板块抵制的情况下沿三大板块之间的地缝合线构造而形成的。

这片神秘的领地因地形复杂、风光奇绝、植物繁茂、资源丰富而秀甲天下，人们通常用"高、壮、深、润、幽、长、险、低、奇、秀"十个字来概括它的壮丽景观。

图 8-2-3  雅鲁藏布大峡谷

### （四）扎什伦布寺（5A 级景区）

扎什伦布寺（图 8-2-4），位于日喀则市城西的尼玛山东南面山麓，依山势而建，占地面积 23 万平方米，建筑面积近 15 万平方米。扎什伦布寺，意为"吉祥须弥山寺"。扎什伦布寺与拉萨的甘丹寺、色拉寺、哲蚌寺并称为西藏藏传佛教格鲁派的"四大寺院"。据史料记载，扎什伦布寺是格鲁派始祖宗喀巴的弟子一世达赖根敦珠巴主持兴建的，在四世班禅罗桑曲吉担任扎什伦布寺住持时，进行了大规模的扩建。从那之后，扎什伦布寺就成为历代班禅的驻锡地。

图 8-2-4  扎什伦布寺

## 素养导读  "品"美入我心

可可西里以其独特的自然景观和丰富的野生动植物资源而闻名。这里有广袤的草原和湖泊，风光壮美，是藏羚羊、野牦牛等珍稀动物的重要栖息地。藏羚羊是中国特有的保护动物，可可西里拥有全球最大规模的藏羚羊栖息地，也是它们的重要繁殖区。此外，可可西里还有众多的鸟类和其他野生动物，如雪豹、野猪、雕鸮等。可可西里的壮丽景色和珍稀野生动物吸引了许多探险爱好者和自然摄影师前来探索。游客可以参加有组织的旅行团，或者选择徒步或开车等方式探索这片无垠的高原。在可可西里，您将感受到与世界上其他地方截然不同的宁静和美丽。由于可可西里的特殊地理位置和丰富的生态资源，它也面临着严重的环境保护挑战。为了保护这片宝贵的生态系统，中国政府成立了可可西里自然保护区，并采取了一系列的措施来保护动植物物种和生态平衡，包括限制人类活动，加强巡逻执法，推动科学研究和宣传教育等。保护可可西里的生态环境是我们共同的责任。

## 佳文导读 "析"美做实践

西藏自治区布达拉宫

　　各位家人们，大家上午好！欢迎来到雪域高原西藏，我是小许，今天我们要游览的是位于拉萨市西北海拔 3 700 米红山之上的布达拉宫，它如一枚释放魔力的巨大磁石，不管身处西藏的哪个角落，人们虔诚叩拜合拢的手掌永远指向这座世界上海拔最高、规模最雄伟的雪域宫殿。布达拉宫曾是西藏政教合一的统治中心，现在已成为拉萨乃至整个西藏的标志。

　　布达拉宫的诞生，与青藏高原上的伟大英雄松赞干布息息相关。7 世纪时，吐蕃王朝的松赞干布建都拉萨，为了迎娶远道而来的文成公主而建起红山宫。因为红山在当地藏传佛教的人们心中犹如观世音菩萨居住的普陀山，五世达赖喇嘛遂为宫殿取名为"布达拉宫"。"布达拉"源于梵语，是佛教圣地"普陀"的音译，意即观世音菩萨所居之岛。布达拉宫本身就是一座精美绝伦的建筑精品，这座宏大的建筑群依山而建，宫宇叠砌，楼殿巍峨，犹如一架宝座天衣无缝地镶嵌在红山之上，尤其是那层层相叠的阶梯自山脚而起，一路迂回曲折而上，直至山顶，引得无数游人叹为观止！

　　我们现在就来到了红宫，它位于布达拉宫的中央位置，因为外墙为红色而得名。这里最著名的建筑是历代达赖喇嘛的八座灵塔殿，尤其是专为五世达赖喇嘛修筑的灵塔堪称无价之宝，这尊灵塔高达 14.85 米，共耗 11 万两黄金、104 万两白银与 15 000 多颗珍珠宝石，再加上殿内安放的金银器、珠宝法器等，整座大殿琳琅满目、金光耀眼。

　　唐卡是藏族人民用彩缎装裱，画在绢、布或纸上的卷轴画，布达拉宫仅唐卡就保存了近万幅，最长的一幅唐卡有几十米。其他还有木雕、浮雕、石刻、金属塑像等，尤其是由金汁、银汁书写的《甘珠尔》《丹珠尔》及清朝皇帝御赐的金册、金印等更是稀世珍宝。

　　从历经劫难的千年宫殿到绽放新颜的佛教圣地，布达拉宫走过了千年历程。千年之后，这座世界上最接近天空、与云相伴的伟大宫殿，依然坚实矗立在高原圣城上，当纯净清澈的阳光照射下来，便会焕发出动人心扉的华丽妆容。300多年前，五世达赖喇嘛曾为布达拉宫写下一句赞诗："相等帝释美妙宫，罗刹王威城相同。"是的，它的美，犹如天上帝释的宫殿，它的庄严，堪比罗刹王的城堡，它从未离开世俗红尘，它仍然是雄冠世界的雪域明珠！

## 实训演练 →

### 一、实训要求

小许通过系统学习，已经储备了相关知识，掌握了西藏自治区的代表性文旅资源，即将接待已定居广东的姨妈一家五口来西藏自治区参观游玩，请帮小许准备一篇布达拉宫的导游词并进行模拟讲解。

### 二、实施步骤

1. 根据本节课所学内容对西藏概况进行总结，并搜集布达拉宫相关建筑特色、唐卡等相关文化素材，进行资料梳理和整合。

2. 讲解前，做好仪容仪表、音量语速、手势走位等方面的准备。

3. 请与小组成员分享你所写的导游词，并以小组为单位进行讲解展示，小组成员用评价表格进行点评，评出本组最优秀的讲解员。

# 参考文献

［1］全国导游人员资格考试教材编写组. 地方导游基础知识［M］. 6 版. 北京：旅游教育出版社，2022.

［2］全国导游资格考试统编教材专家编写组. 地方导游基础知识［M］. 6 版. 北京：中国旅游出版社，2022.

［3］中国旅游协会旅游教育分会. 优秀导游词集锦："云驴通杯"第十二届全国旅游院校服务技能（导游服务）大赛成果展示［M］. 北京：旅游教育出版社，2021.

［4］芦爱英，王雁. 中国旅游地理［M］. 2 版. 北京：高等教育出版社，2022.

［5］董朝霞，李小华. 导游讲解［M］. 3 版. 北京：旅游教育出版社，2021.

［6］范志萍，张丽利. 导游词创作与讲解［M］. 北京：中国旅游出版社，2019.

［7］芦英爱，范平. 导游文化基础知识［M］. 杭州：浙江工商大学出版社，2019.